David Simon

Zehn Entscheidungen für ein besseres Leben

David Simon

Zehn Entscheidungen für ein besseres Leben

Wie Sie glücklich hundert Jahre alt werden

Aus dem Amerikanischen übersetzt
von Wulfing von Rohr

Allegria

Die Originalausgabe erschien 2006 unter dem Titel
THE TEN COMMITMENTS – TRANSLATING GOOD
INTENTIONS INTO GREAT CHOICES
im Verlag Health Communications Inc.,
Deerfield Beach, Florida FL, USA

Allegria ist ein Verlag der Ullstein Buchverlage GmbH
Herausgeber: Michael Görden

ISBN 978-3-7934-2098-9

Übersetzung: Wulfing von Rohr
Umschlaggestaltung: FranklDesign, München
Titelabbildung: Shivananda Ackermann
Satz: te•ha
Druck und Bindearbeiten: CPI books, Leck
Printed in Germany

Inhalt

ENTSCHEIDUNG BERUHT AUF ABSICHT

Vorwort von Deepak Chopra

Entscheidung ist die zielgerichtete Absicht, Ihre tiefsten Wünsche wirklich zu erfüllen. Eine Entscheidung, die mit einer freiwilligen Selbstverpflichtung auf einer tiefen Ebene des Bewusstseins beginnt, führt zu ihrer eigenen Erfüllung und zum Erfolg, indem sie wie ein vielstimmiges, wohl gestimmtes Orchester eine Musik aufgrund einer gemeinsamen Partitur erklingen lässt. Die Organisation der Kräfte der Natur, die für die Erfüllung Ihrer Absichten notwendig ist, erfolgt, wenn es zu einer Veränderung in Kontext und Sinn kommt. Wenn Sie erkennen, dass die Realität ein selektiver Akt Ihrer Aufmerksamkeit und Deutung von Wirklichkeit ist – ein selektiver Akt Ihrer Wahrnehmung –, dann werden Sie befähigt, Ihr Leben bewusst mit zu erschaffen. Wie ein neugeborenes Kind, das aus dem Mutterschoß herausgekommen ist, kehren Absichten, welche die Macht der verantwortlichen Entscheidung in sich tragen, nie mehr in jenen Zustand zurück, in dem sie sich noch nicht manifestiert hatten.

Die Entscheidung ist die höchste Form, in der sich menschliche Freiheit geltend macht. Sie erlaubt Ihnen einen Quantensprung an Kreativität, der völlig neue Dimensionen des Bewusstseins öffnet. Die Entscheidung stellt eine Art von Instrument, eine Technologie dar; sie macht es möglich, die Gewohnheiten aufzubrechen, die Sie sonst im Gefängnis der Konditionierungen gefangen halten. Durch die Macht der Entscheidung bewegen Ihre persönlichen Absichten die Kräfte der Natur auf eine Weise, dass Erfüllung und Erfolg zu Ihrer alltäglichen Realität werden. Wenn Sie wissen, dass Ihre Absichten spontan verwirklicht werden, dann können Sie ein Leben der Freiheit, Kreativität und Freude führen, ohne Sorgen oder Spannung.

Ich freue mich und empfinde es als eine Ehre, dieses wunderschöne, hilfreiche Buch vorzustellen, das von meinem lieben Freund und Kollegen David Simon geschrieben wurde. Als Partner und Mitbegründer des Chopra-Zentrums arbeiten David und ich seit mehr als zehn Jahren zusammen. Aufgrund unserer gemeinsamen Vision haben wir Seminare und Programme für ganzheitliche Gesundheit und Spiritualität entwickelt und fünf Bücher zusammen geschrieben.

Der Großteil unserer Arbeit war der Übersetzung der alten Weisheit des Ostens in die Sprache der modernen Wissenschaft gewidmet. Wir waren begeistert auf der Suche, neue Wege zu finden um zu vermitteln, wie die zeitlose Weisheit der vedischen Philosophie auch für unser modernes Leben Lösungen bietet. Den hohen Wert dieses ganzheitlichen Ansatzes, in dem östliches Wissen in westliche Methoden umgesetzt wurde, durften wir bei Tausenden von Menschen erleben, die jedes Jahr an den Workshops und Programmen im Chopra-Zentrum teilnehmen.

In diesem faszinierenden Buch voller einzigartiger Einsichten befasst sich David mit den Grundlagen der spirituellen Werte des Westens und zeigt, wie durch eine subtile und zugleich wirkungsvolle Veränderung der Wahrnehmung die wesentlichen Wahrheiten des Ostens und des Westens zusammenfinden, um eine überzeugende gemeinsame Vision für eine bessere Welt zu bilden.

Wahrheit ist das, was über Zeit und Raum hinausgeht. In *Die Zehn Entscheidungen* untersucht David die Wahrheiten der westlichen Gesellschaft und übersetzt sie in ein modernes Vokabular, das über ihren westlichen Ursprung hinausreicht. Er hatte bislang schon geholfen, die Kernbotschaften des Ayurveda, den 5.000 Jahre alten Heilweisen aus Indien, Menschen in der ganzen Welt zugänglich zu machen. Nun rückt er alte westliche Wahrheiten ins rechte Licht, um uns ein neues Verstehen zu ermöglichen, das tief greifende und universelle Folgen hat.

Unser wunderbarer und doch so verletzlicher Planet steht am Scheideweg. Wir können entweder damit fortfahren, in einer Stammesmentalität miteinander umzugehen, indem wir die Unterschiede zwischen uns hervorheben, oder wir können die Maske der Dualität durchstechen und unsere fundamentale Einheit akzeptieren und verwirklichen. Wenn wir uns für die erste Alternative entscheiden, dann führt dies unvermeidlich zu Konflikt, Fremdenfeindlichkeit und Umweltzerstörung. Die zweite Alternative verspricht uns Frieden, Mitgefühl und die Wertschätzung unserer Verbundenheit mit dem Netzwerk allen Lebens.

Ich bin David dankbar dafür, dass er auf einfache und eloquente Weise einen überzeugenden praktischen Weg herausgearbeitet hat, um wieder Ganzheit in unser Leben zu bringen – sowohl für den einzelnen Menschen als auch für die Gemeinschaft. Ich ermuntere Sie, *Die Zehn Entscheidungen* in Ihrem Leben zu verwirklichen und ganz bewusst Ihren Anteil zu unser aller Arbeit beizutragen, die Welt zu verändern und zu heilen.

Deepak Chopra, im Mai 2005

DIE ZEHN GEBOTE

*Ich bin der Herr, dein Gott, der dich aus
der Knechtschaft geführt hat.
Du sollst dir kein Götzenbildnis machen.
Du sollst den Namen des Herrn,
deines Gottes, nicht missbrauchen.
Gedenke des Sabbattages,
dass du ihn heilig hältst.
Ehre deinen Vater und deine Mutter.
Du sollst nicht töten.
Du sollst nicht ehebrechen.
Du sollst nicht stehlen.
Du sollst kein falsches Zeugnis reden
gegen deinen Nächsten.
Du sollst nicht begehren …*

DIE ZEHN ENTSCHEIDUNGEN

Ich entscheide mich für Freiheit.

Ich entscheide mich für Authentizität.

Ich entscheide mich für Akzeptanz.

Ich entscheide mich für Entspannung.

Ich entscheide mich für Ganzheit.

Ich entscheide mich für Vergebung.

Ich entscheide mich für Liebe.

Ich entscheide mich für Fülle.

Ich entscheide mich für Wahrheit.

Ich entscheide mich für Frieden.

Absichten in Entscheidungen umsetzen

Wenn alle deine Wünsche offenbar sind,
dann wirst du nur zwei Entscheidungen treffen:
Mehr zu lieben und glücklich zu sein.
– Hafiz

Sie lesen diese Worte, weil es etwas in Ihrem Leben gibt, das Sie ändern möchten. Es kann sich um etwas handeln, was Sie ablegen wollen, aber noch nicht loslassen können. Es kann etwas sein, wonach Sie sich sehnen, was Sie jedoch noch nicht manifestieren konnten. Wir begegnen uns hier, um Ihre Absichten in die Wirklichkeit umzusetzen. Dazu bedarf es der Macht der Entscheidung.

Eigenverantwortliche und wirkungsvolle Entscheidung ist ein Zusammenspiel von Körper, Geist und Seele. Ihr Körper hat Bedürfnisse. Ihr Geist hat Bedürfnisse. Über die unmittelbaren körperlichen Notwendigkeiten und emotionalen Wünsche hinaus gibt es Ihre Seele, die Sie dazu auffordert und ermutigt, solche Entscheidungen zu treffen, die Ihnen aller Voraussicht nach einen dauerhaften Gemüts- und Seelenfrieden bringen werden. Die Seele flüstert Ihnen zu: „Ich möchte, dass du glücklich bist.“; „Ich möchte, dass du gesund bist.“; Ich möchte, dass du Liebe erfährst.“; „Ich möchte, dass du ein sinnvolles Leben führst.“ Manchmal fällt es schwer, diese lebensbejahenden Botschaften aus den Tiefen Ihres Seins zu hören, wenn es in Ihrem Gemüt turbulent zugeht und Ihr Körper unter Stress steht.

Normalerweise geht man davon aus, dass jeder weiß, was die Begriffe Körper, Geist und Seele bedeuten. Ich möchte Ihnen jedoch meine Sichtweise vorstellen, von der ich in diesem Buch ausgehe.

Ihr *Körper* ist die Ansammlung von Molekülen, die es Ihnen möglich macht, die Welt zu erfahren. Dazu gehören die

Sinneswerkzeuge, über die Sie mit der Umwelt verbunden sind, also das Hören, Fühlen, Sehen, Schmecken und Riechen. Dazu zählen auch die motorischen Instrumente, mit deren Hilfe Sie in der Welt agieren, also die Sprechfähigkeit sowie die Hände und Füße. Jeden Tag machen Sie Sinneserfahrungen, die über die sich ständig verändernden chemischen und elektrischen Zustände Ihres Nervensystems übertragen werden, und die wiederum auf jede Zelle und alle Organe in Ihrem Körper einwirken. Aufgrund dieses Prozesses werden Ihre Erfahrungen zu Ihrer Biologie.

Ihr *Geist* ist das Feld der Gedanken; er beschäftigt sich in einem ständigen inneren Dialog damit, was passiert ist, was jetzt geschieht und was Ihnen in Zukunft passieren könnte. Als Reaktion auf Ihre laufenden Erfahrungen treffen Sie Unterscheidungen und Urteile, die auch durch Ihre emotionalen Reaktionen gefärbt werden. Ihre Gedanken, Erinnerungen, Wünsche und Gefühle sind unterschiedliche Ausdrucksformen Ihres Geistes.

Ihre *Seele* ist der schweigende Beobachter Ihres Geistes und Ihres Körpers. Ihr Körper verändert sich – Sie brauchen sich nur ein Foto von vor zehn Jahren anzusehen um festzustellen, dass Ihr Körper heute anders aussieht als früher. Ihr Geist verändert sich – Ihre Ansichten über sich selbst und die Welt sind anders als sie es vor einigen Jahren oder Jahrzehnten waren. Hinter dieser Dimension der Veränderungen existiert Ihre still beobachtende Seele, die Ihrer Identität festen Bestand sichert.

Wenn Ihre beobachtende Seele, Ihr Gedanken erzeugender Geist und Ihr sich bewegender Körper harmonisch aufeinander ausgerichtet sind, dann besteht die beste Chance, dass Sie Ihre Absichten in Entscheidungen umsetzen werden, die zu den gewünschten Ergebnissen führen.

Eigenverantwortliche Entscheidung bedeutet Aktion. Wenn Sie sich für etwas entscheiden, verpflichten Sie sich einer Handlungsweise, von der Sie glauben, dass sie in einer Vermehrung von Glück und Wohlbefinden resultiert. Wenn die aktive Selbstverpflichtung zu bestimmten Entscheidungen dazu führt, dass Ihre Absichten ganz „automatisch" immer die Art und Weise bestimmen, wie Sie in der Welt wirken und „funktionieren", dann wird der Sinn dieser Entscheidungen erreicht und erfüllt.

Wenn Sie sich dazu entschließen, Ihre physische Fitness zu verbessern, wird Ihre Entscheidung Früchte tragen, sobald Sie voller Vorfreude auf die Zeit im Fitness-Studio oder Ihre gesunde Mahlzeit blicken. Die Erfüllung Ihrer Entscheidung, mit dem Rauchen aufzuhören, manifestiert sich, sobald Sie den Wunsch verlieren, eine Zigarette anzuzünden. Eigenverantwortliche Entscheidung heißt, durch eine Tür der Veränderung zu gehen und keine Absicht zu haben, je wieder durch diese Tür zurückzugehen.

Die Herausforderung, sich verantwortlich zu entscheiden

Verantwortungsvolle Eltern haben in ihrer Erziehungsarbeit viel damit zu tun, Grenzen zu setzen. Sobald die Kinder in der Lage sind, Entscheidungen zu treffen, beginnen Eltern, Gebote und Verbote zu vermitteln, damit die Kinder geschützt sind und dazu fähig, in der Gesellschaft zu funktionieren. „Tu dies ..., tu jenes nicht ..." sind die Erziehungsinstrumente, um Grenzen zu setzen und zu definieren, was richtig und erlaubt ist und was nicht.

Als Reaktion auf diese Errichtung äußerer Begrenzungen beginnt das Kind, innere Barrieren aufzubauen; dieser Prozess äußert sich dann darin, dass sich das Kind weigert zu tun, was ihm aufgetragen wurde. Ungefähr mit zwei Jahren lernen Kinder ihre Unabhängigkeit zu deklarieren, indem sie das machtvolle Wort „Nein!" sagen. Das Talent, sich

Autorität zu widersetzen, wird während der Teenagerjahre unablässig weiter ausgefeilt. Der Prozess des Erwachsenwerdens erfordert häufig, Widerstand zu entwickeln gegen Eltern, Lehrer, Vorgesetzte, Ärzte, Priester, Polizisten und andere Autoritätsfiguren, deren Zustimmung wir brauchen. Die Autoritätsfiguren wechseln vielleicht, Erwartungen und Gebote ändern sich unter Umständen, aber der tiefe Wunsch, unser Leben selbst zu kontrollieren, bleibt erhalten.

Seit den Zeiten, als die Menschen in Stämmen lebten, haben Stammesälteste und später die jeweiligen Machthaber in der Gesellschaft versucht, Regeln aufzustellen und durchzusetzen, indem sie die Macht der Götter zu Hilfe riefen. Sollten die Konsequenzen, die Verbrechen wie Lügen, Betrug oder Diebstahl in Form menschlicher Strafen nach sich ziehen, nicht ausreichen, werden potenzielle Täter vielleicht von der Angst vor Gottes Zorn abschrecken. Oder falls das Argument, dass man mit Ehebruch Leid in der Familie verursacht, jemanden nicht davon abhält, ihn trotzdem zu begehen, dann kann unter Umständen die Drohung helfen, dass er dafür später in der Hölle schmoren muss. Ethische Normen sind so gestaltet, dass sie Individuen und Gemeinschaften vor unnötigem Leid bewahren. Werden solche Gebote und Verbote jedoch nur aus Angst befolgt, dann wird daraus aller Voraussicht nach Widerstand entstehen, da Angst nicht zu freiwilliger Zustimmung führt.

Die Zehn Gebote sind die moralischen Säulen der judeo-christlichen Gesellschaften. Sie sind Ordnungsgrundlagen der westlichen Welt, die seit etwa zwei Jahrtausenden unsere ethischen Entscheidungen geleitet haben. Die Zehn Gebote sind ein wirkungsvolles Rezept für die moralische Gesundheit. Wenn ihre Proklamation dazu geführt hätte, dass Menschen sich so verhalten hätten, wie es letztlich für alle gut gewesen wäre, befände sich die Welt in einem viel besseren Zustand. Leider ist es aber eine Sache, dass etwas befohlen wird, und eine ganz andere, bewusste und verantwortliche Entscheidungen zu treffen, um das Bestmögliche für alle zu verwirklichen.

Es ist uns geboten, nicht zu töten, doch werden in den USA jedes Jahr über 16.000 Menschen ermordet. Und im Namen Gottes oder einer Nation werden jedes Jahr Zehntausende in kriegerischen Konflikten getötet. Es ist uns geboten, nicht zu stehlen, und doch gibt es in den USA jedes Jahr über zehn Millionen Diebstähle. Ehebruch ist verpönt, doch Studien haben ergeben, dass mindestens die Hälfte aller Ehepartner außereheliche Affären haben. Wenn Menschen als Kinder behandelt werden, werden sie wie Kinder reagieren. Es ist höchste Zeit, dass wir Gebote und Befehle durch eigene Entscheidungen und Eigenverantwortlichkeit ersetzen.

Sie werden, was Sie denken

Ihre Eltern hatten die Anfangszeilen im Drehbuch Ihres Lebens bereits geschrieben, als Sie auf dieser Bühne ankamen, und für einen großen Teil Ihres Daseins haben Sie sich bisher nach diesem Drehbuch verhalten. Wenn sich Ihre Lebensgeschichte so entwickelt, wie Sie es als Kind immer gehofft haben, dann haben Sie vermutlich intuitiv jene Prinzipien bereits verwirklicht, die ich in diesem Buch beschreibe. Sie sind dann unter den wenigen Glücklichen, die gelernt haben, sich für Ihre Träume zu entscheiden und sie entschlossen zu verfolgen, bis sie sich manifestieren. Wenn Sie jedoch in Ihrem tiefsten Innern den Verdacht hegen, dass Sie Ihr eigentliches Potenzial bislang noch nicht ganz verwirklicht haben, Sie es sich selbst jedoch wert sind, mehr davon zu manifestieren, dann ist dieses Buch für Sie genau richtig.

Die zehn Entscheidungen ist für Menschen gedacht, die bereit sind, selbst die Veränderung zu vollziehen, die sie sich wünschen. Das Buch ist für Menschen geschrieben, die den Gedanken annehmen, dass der freie Wille die größte Gabe der Menschheit darstellt und dass wir alle, egal, was bis jetzt passiert ist, fähig sind, ein neues und besseres Kapitel unseres Drehbuchs zu schreiben. Albert Einstein definierte Irrsinn einmal so: „Immer wieder dasselbe tun und dann erwarten, dass sich die Ergebnisse ändern." Ich biete Ihnen *Die zehn Entscheidungen* als eine Anleitung zur geistigen Gesundheit an.

Als Arzt hatte ich das Privileg, mehr als drei Jahrzehnte hindurch die Herausforderungen und intimen Probleme meiner Patienten kennen zu lernen. Belastungen gibt es in unterschiedlicher Gestalt: Eine Person erlebt Stress aufgrund von Angstausbrüchen oder depressiven Abfällen. Eine andere leidet unter ständigen Schmerzen oder Erschöpfung. Akute oder chronische Überlastung im Leben kann sich in einer Vielzahl körperlicher Beschwerden niederschlagen, zu denen Schlaflosigkeit, Verdauungsprobleme und Immunschwäche zählen. Gewichtsprobleme, Essstörungen, Migräne und Bluthochdruck sind oft Ausdruck einer tiefer liegenden, inneren Störung. Aus welchem offiziellen Grund auch immer eine Person zum Arzt kommt – es gibt unweigerlich eine Kernerfahrung oder eine Hauptbeschwerde, die entweder physisch oder emotional ist. Menschen leiden oder haben Schmerzen und möchte dies loswerden. Ich stelle meinen Patienten oft die Frage: „Sind Sie bereit, Dinge anders zu machen, um ein anderes Ergebnis zu erzielen?"

Lassen Sie Ihre Vergangenheit los

Es ist sinnvoll zu verstehen, wie Sie in Ihre derzeitige Situation gelangt sind. Chronische emotionale und körperliche Gesundheitsbeschwerden können Missklänge und Probleme aus jüngerer Vergangenheit oder aber aus der frühen Kindheit widerspiegeln. Es kann nützlich sein, solche Verbindungen zu erkennen, solange Sie Ihre Lage nicht dadurch verschlimmern, dass Sie sich zusätzlich zu viel Verantwortung für Umstände aufladen, an denen Sie keine Schuld tragen.

Wenn Sie erkennen, dass Ihr Vater ein aufbrausendes Temperament hatte, kann Ihnen das helfen, Ihre Verdauungsprobleme besser zu verstehen. Wenn Sie erkennen, dass Ihre Mutter emotional distanziert war, können Sie dadurch Ihre Essstörungen oder Angstanfälle besser verstehen. Es kann hilfreich, manchmal sogar direkt befreiend sein, Ihre gegenwärtige Lebenssituation im Licht der Vergangenheit zu betrachten.

Das Leben ist jedoch kurz, und wenn man Jahre damit verbringt, Probleme bis auf ihren letzten Grund zu erfassen, ist das nicht immer die erfolgreichste Strategie. Es ist durchaus möglich, besser zu verstehen, warum Sie unglücklich sind, aber damit werden Sie noch längst nicht glücklicher. Es ist möglich, zu begreifen, warum Sie in der Vergangenheit unkluge Entscheidungen getroffen haben, aber dieses Wissen allein hilft Ihnen unter Umständen nicht dabei, jetzt bessere zu treffen. Der wichtigste Leitsatz für Heilung und Transformation ist dieser: *Damit unser Leben sich ändert, müssen wir uns ändern.*

Es gibt eine bestimmte Fertigkeit, eine Kunst, den Kurs Ihres Lebens richtig zu bestimmen, die Sensibilität und Timing erfordert. Wenn Sie beginnen, das Leben von einem höheren Standpunkt aus zu betrachten und bewusstere Entscheidungen zu treffen, dann befinden Sie sich auf einem Weg der Kraft und Kultiviertheit. Dazu braucht es Klarheit über Ziele und Sinn sowie Reinheit der Absichten und Motive. Sie müssen lernen, eigenverantwortliche Entscheidungen zu treffen.

Verlernen

Obwohl Menschen die Fähigkeit besitzen, eigene Entscheidungen zu treffen, führen die meisten Menschen ihr Leben wie konditionierte Pawlowsche Hunde. Sie reagieren auf vorhersehbare Weise auf die Situationen, Umstände und Menschen, denen sie begegnen. Da man ein Gefühl von Sicherheit verspürt, wenn man immer wieder die gleichen Dinge tut, bleiben Menschen in Beziehungen, die sie nicht nähren und in Jobs, die ihnen nur begrenzte Kreativität erlauben. Sie folgen einer Alltagsroutine, die ihnen keine Chance gibt, bewusst die Wunder des Lebens zu erfahren, die sich in jedem Augenblick um sie herum entfalten.

Geben Sie es zu: Sie sind ein Gewohnheitstier. Sie wachen jeden Tag ungefähr zur selben Zeit auf, benutzen dieselbe Zahnpasta und essen das gleiche Frühstück. Sie fahren auf immer derselben Strecke zur Arbeit, hören dieselben Radiosender und kommen täglich zur gleichen Zeit im Büro an. Wenn Sie nach Hause kommen, sehen Sie die gleichen Fernsehshows, halten dieselbe Waschroutine ein wie sonst auch und gehen immer ungefähr zur gleichen Zeit ins Bett. Ein Privatdetektiv, der eine Woche lang Ihre Muster beobachtet, könnte mit hoher Treffsicherheit voraussagen, wo Sie zu einer gewissen Zeit und an einem bestimmten Tag in der Woche sein werden. Das nennt man konditioniertes menschliches Leben.

Es gibt keinen Grund, Ihre Verhaltensmuster zu verändern,

wenn Sie vom Leben das bekommen, was Sie brauchen. Wenn Sie jedoch feststellen, dass es notwendig ist, begrenzende Muster aufzugeben, um größeres Glück, mehr Liebe, bessere Gesundheit und mehr Sinn im Leben zu erfahren, dann sind die Zehn Entscheidungen der richtige Weg.

Bei einem Befehl geht man davon aus, dass ein erwünschtes Verhalten ohne offensichtliche oder unterschwellige Drohung nicht ausgeführt werden würde. „Wenn du dein Zimmer nicht aufräumst, dann kannst du nicht zur Party gehen!“ Das Verhalten von Kindern kann man vielleicht vorübergehend durch Befehle bestimmen. Echte und anhaltende Heilung und Transformation bei Erwachsenen kann man allerdings nur durch freie Entscheidung erreichen.

Ich sprach einmal mit einer Gruppe über die Zehn Entscheidungen, in der auch Angehörige des Klerus waren. Einige wenige von ihnen protestierten gegen die Ansicht, dass die Zehn Gebote allein nicht ausreichten. Sie vertraten die Meinung, dass „die Masse“ wie Kinder behandelt werden müsse und dass die Zehn Gebote die Menschen zwei Jahrtausende lang einigermaßen auf dem richtigen Weg gehalten hätten. Ich kann nicht viel gegen mögliche kollektive Bedürfnisse der Vergangenheit einwenden, aber ich bin überzeugt, dass wir, wenn die Menschheit überleben und sich weiter entwickeln soll, persönliche Verantwortung für unsere Entscheidungen übernehmen müssen. Ich hoffe, dass diese neue Sichtweise für unsere alten Überzeugungen eine neue Realität erschaffen wird.

Der Unterschied zwischen Entscheidung und Affirmation

Etwas laufend zu wiederholen, auch wenn es sich um so genannte Affirmationen handelt, führt selten zu dauerhafter Veränderung. Erfolgreiche Leute sagen sich nicht ständig selbst „Ich bin eine wichtige Persönlichkeit.“

Menschen, die körperlich fit sind, erinnern sich nicht laufend daran „Ich kann kontrollieren, wie viel ich esse." Emotional selbstsichere Menschen wiederholen nicht ständig „Ich bin eine selbstsichere Person." Nachhaltige positive Veränderungen sind selten nur die Folge von Affirmationen. Die günstigen Veränderungen ergeben sich vielmehr aufgrund von entschlossener Selbstverpflichtung. Was möchten Sie? Sind Sie bereit, die Schritte zu unternehmen, die für die Erfüllung Ihres Wunsches nötig sind?

In *Die Zehn Entscheidungen* werden wir untersuchen, wie man gute Entscheidungen trifft – nicht aufgrund der Angst, dass man erwischt und bestraft wird, sondern weil diese Entscheidungen widerspiegeln, wer Sie wirklich sind, das heilige Wesen, als das Sie sich selbst vielleicht nur ahnen oder bereits spüren. Dann wird die stille Stimme Ihrer Seele, die möchte, dass Sie glücklich sind, dass Sie Liebe erleben, dass Sie sich gesund und vital fühlen und Sinn in Ihrem Leben finden, ihren richtigen Ausdruck finden.

Die Erste Entscheidung

Ich entscheide mich für Freiheit

Ich bin der Herr, dein Gott,
der dich aus der Knechtschaft geführt hat
– Exodus 20:2

Wir sind nicht hierher gekommen,
um Gefangene zu machen,
sondern um uns immer tiefer der Freiheit
und Freude zu ergeben
– Hafiz

Die meisten Menschen leben in selbst gewählter Gefangenschaft. Sie glauben, dass die Sicherheit, die sie dadurch gewinnen, mehr wert sei als die Freiheit, auf die dabei verzichten. Die Sehnsucht nach Freiheit kann man jedoch nicht so einfach aufgeben. Frei zu sprechen, zu handeln, zu lieben und Sinn im Leben zu finden sind universelle menschliche Antriebe, die in allen Zeiten und Kulturen bestanden und bestehen. Das erste Gebot der Zehn Gebote sagt ausdrücklich, dass Gott sein Volk aus der Knechtschaft geführt hat. Das ist die Kernbotschaft der Spiritualität: Befreiung von inneren oder äußeren Begrenzungen, Befreiung von den Fesseln einer geistigen Knechtschaft.

Der Drang nach Selbstbestimmung ist ein Grundimpuls des Menschen. Ob es nun um politische oder persönliche Unabhängigkeit geht; wahre Befreiung bedeutet immer, dass man sich von begrenzten Ideen und einschränkenden Verhaltensmustern befreit. Solange Sie mit eingeengten Sichtweisen leben, ersticken Sie Ihre Kreativität, Ihre Begeisterung und Ihre Lebensfreude. Wenn Sie über Ihre Begrenzungen hinausgehen und Ihr Selbstbild und Ihre Identität erweitern, steigt aus Ihren Tiefen fröhliche Heiterkeit auf.

Innere Befreiung

Wahre innere Freiheit ist das höchste Lebensziel. Sie stellt das unausgesprochene Ziel jedes Gedankens dar, den Sie haben und jeder Handlung, die Sie unternehmen. In den östlichen Weisheitstraditionen benennt man diese Freiheit von selbst auferlegten Begrenzungen mit verschiedenen Begriffen wie *Nirwana, Mokscha* oder *Erleuchtung*. Dieser Zustand der inneren Befreiung transzendiert äußere Situationen und Umstände. Er bedeutet Freiheit von Konditionierung, Freiheit von der Vergangenheit und Freiheit angesichts des Unvorhersehbaren. Die Chance, diese Ebene von Freiheit zu erreichen, unterscheidet die Menschen von anderen Lebewesen, obwohl nur wenige Menschen dieses Geschenk, das sie mit ihrer Geburt erhalten haben, auch annehmen.

Die meisten Menschen glauben irrtümlicherweise, dass äußere Kräfte sie an ihrem Glück hindern. „Ich bin ganz niedergeschlagen, weil ich in einer unmöglichen Ehe stecke." „Ich habe das Magengeschwür, weil mein Boss ein Kontrollmensch ist." „Meine Beziehungen gehen immer wieder auseinander, weil mich mein Vater verlassen hat, als ich noch sehr jung war." Wir akzeptieren diese einschränkenden Glaubensmuster und sind ständig in inneren Verhandlungen mit diesen limitierenden Stimmen, erreichen aber nie eine Übereinkunft, sodass wir befreit werden könnten. Entschuldigungen, wie ich sie häufig höre, sind zum Beispiel: „Sobald mein jüngstes Kind aus der Schule ist, gehe ich aus dieser vergiftenden Ehe heraus." „Sobald ich genug in meine Alterssicherung investiert habe, höre ich mit diesem Job auf, in dem ich nur Stillstand erlebe." „Sobald ich aus dem Urlaub zurück bin, fange ich mit der Gymnastik an." Es ist höchste Zeit, dass Sie den Schlüssel in Ihrer Seele benutzen, um jene Tür aufzuschließen, durch die Sie aus Ihrem selbst gewählten Gefängnis herausgehen können.

Öffnen Sie die Tür zur Freiheit. Entschließen Sie sich dazu, konditionierte Reaktionen und Verhaltensmuster aufzugeben, die nur Ihre Energie vergeuden. Hören Sie auf Ihre innere Stimme und stellen Sie fest, wo Sie sich derzeit gefesselt fühlen. Probieren Sie es gleich jetzt aus:

Atmen Sie ein paar Mal tief ein, schließen Sie die Augen und werden Sie sich aller Gefühle von Unwohlsein im Körper bewusst. Wenn Sie einen Ort im Körper spüren, an dem Sie sich eingeengt oder blockiert fühlen, fragen Sie sich: „Was will mir dieses Gefühl sagen; um welches Lebensthema handelt es sich?“ Da sich emotionale Konflikte oft in körperlichen Spannungen niederschlagen, geben Sie allen körperlichen Empfindungen die Gelegenheit, Ihre Aufmerksamkeit auf mögliche mentale Prozesse zu richten, die in Ihnen ablaufen. Fragen Sie, was Sie tun können, um inneren Frieden zu erlangen und sich vom Konflikt zu befreien. Planen Sie Ihre Flucht.

Begrenzungen überwinden

Unsere Lieblingsmärchen und Sagen sind Geschichten, die davon erzählen, wie heldenhafte Gestalten große Hindernisse überwinden und Abenteuer bestehen, um ihre Freiheit zu erlangen. Innerlich selbst auferlegte Einschränkungen sind wie ein böser Troll, der unter der Brücke hockt, über die man gehen muss; wie das Ungeheuer, das den Eingang zur Schatzhöhle bewacht; wie die schlimme Hexe im Lebkuchenhaus oder der Wolf im Wald. Diese gefährlichen Bedrohungen, die sich in den Geschichten in der Außenwelt manifestieren, leben in Wahrheit in uns selbst.

Die Märchen und Sagen über Heldinnen und Helden, die Dämonen besiegen, die versuchen, ihre Unschuld, ihre Liebe oder ihre Schätze zu rauben, erinnern uns auf symbolische Weise an unsere Macht, Hindernisse zu überwinden. Von Hänsel und Gretel bis hin zu Spiderman sind es Geschichten, die vom Triumph der Freiheit über die Gefangenschaft erzählen und so unser Herz und unsere Seele inspirieren.

Ganz lebendig zu sein bedeutet, ständig danach zu streben, die Freiheit im Leben auszudehnen. Wenn Freiheit eingeschränkt wird, erfolgt das üblicherweise in kleinen Schritten. Ein ganz junger Elefant wird an einen Pfosten gebunden, damit er glaubt, er könne sich nicht frei bewegen. Jahre später, wenn der Elefant stark genug ist, einen Baum aus der Erde zu ziehen, wird er durch eine Kette um sein Bein in seiner Bewegungsfreiheit eingeschränkt. Die meisten von uns sind so erzogen worden, dass wir nahe an unseren Pfosten bleiben. Es ist Zeit, dass wir die Fesseln dieser Gebundenheit zerschneiden.

Das Gefühl des „Ich“

Wir werden in Körpern geboren, die über ganz eigene Schutzmechanismen verfügen. Wenn wir durstig sind, suchen wir nach Flüssigkeit. Wenn wir hungrig sind, suchen wir nach Nahrung. Wenn wir müde sind, schlafen wir. Wenn wir bedroht werden, reagieren wir instinktiv mit Flucht- oder Angriffsverhalten. Die Bedürfnisse des Körpers sind ziemlich einfach und auf den Augenblick ausgerichtet. Wenn wir gerade gegessen haben, macht sich unser Körper keine großen Sorgen darüber, was er tun soll, wenn er morgen wieder hungrig ist.

Der Geist, also der Verstand und unsere Gefühlswelt, unser Gemüt, besitzt die bemerkenswerte Fähigkeit, uns mit allen möglichen Überlegungen zu quälen, die sich auf vergangene Erlebnisse sowie auf zukünftige Bedürfnisse und Bedrohungen richten. Mentaler und emotionaler Kummer gehen oft auf Gebundenheit zurück, auf die Überzeugung, dass wir in Umständen leben, aus denen wir uns unmöglich befreien können.

Ein Mensch zu sein heißt, einen Körper, einen Geist und einen Bezugspunkt zu besitzen. Mit der Inkarnation erhalten wir das Gefühl des „Ich". Parallel dazu dämmert das Bewusstsein auf, dass es auch ein „Nicht-Ich" gibt. Im Vergleich scheint das „Nicht-Ich" sehr viel größer als das „Ich" zu sein. Wenn wir bemerken, wie verletzlich und abhängig wir sind, erzeugt das Angst. Wir verbringen unser Leben damit, diese Angst zu lindern oder aufzulösen, indem wir unser Ich-Gefühl verstärken – zu diesem Zweck streben wir nach Besitz und Leistung und erzeugen ein Selbstbild, das von materiellen Werten bestimmt ist.

Unser Selbstbild, das man in diesem Zusammenhang auch ruhig Ego nennen kann, beschreibt das, was wir von uns selbst glauben und das, was andere von uns glauben sollen. Die meisten Menschen meinen, sie seien ihr Selbstbild und streben daher eifrig danach, es zu schützen. Um unser Image zu verteidigen, sperren wir unseren Geist ein. Unser Ego entwickelt sich, indem wir uns mit Dingen außerhalb unserer selbst identifizieren. In den ersten Lebensmonaten sind wir uns kaum bewusst, dass etwas außerhalb von uns existiert. Unser ganzes Bewusstsein ist auf den Körper gerichtet. Wohlbehagen oder Unwohlsein sind nur eine Folge dessen, ob unsere Grundbedürfnisse erfüllt werden oder nicht. Wenn wir hungrig sind und die Muttermilch sofort zur Verfügung steht, sind wir zufrieden. Wenn wir müde sind und in unsere Krippe gelegt werden, fühlen wir uns erleichtert. Aber immer, wenn es eine Verzögerung gibt zwischen dem Auftauchen eines Bedürfnisses und dessen Erfüllung, erleben wir ein Unbehagen, das wir mit einem durchdringenden Schreien kundtun. Die Natur hat es so eingerichtet, dass der Ton eines schreienden Kleinkindes die Menschen, in deren Obhut es ist, regelrecht anfeuert etwas tun, um diesen Lärm zu stoppen, sei es tagsüber oder in der Nacht.

Erst allmählich dämmert es einem Kind, dass noch etwas anderes außer ihm existiert. Es lernt, dieses erste

Andere *Mutter* zu nennen. Doch schon bevor wir Sprache entwickeln, fangen wir an, die Fertigkeiten auszufeilen, unsere Bedürfnisse zu erfüllen, um Unbequemlichkeiten und Ängste zu vermeiden. Wir lernen zu verführen, zu locken und zu amüsieren. Wir erwerben die Talente von Imitation, Einschüchterung, Manipulation und Druckausübung. Wir entwickeln unsere Fähigkeit zu beschwichtigen und zu unterhalten. Wir bauen eine Persönlichkeit auf.

In dem Maße, in dem wir Autonomie gewinnen, umhüllen wir die verletzbaren Aspekte unserer selbst mit Dingen und Vorstellungen, an denen wir hängen. Das Ego beginnt, an Menschen und Dingen Eigentumsansprüche anzumelden. „Das ist mein Spielzeug ... meine Mama ... mein Keks ... jetzt bin ich aber dran ...“ Wenn unser Anspruch bestätigt wird, wird unsere Angst vermindert; wenn unser Streben nach Kontrolle bedroht scheint, vergrößern sich die Ängste. Bis wir erwachsen sind, haben wir eine Schutzhülle um uns herum gewebt, die der Welt zeigt, wer wir unserer Ansicht nach sind. Frisur, Kleidung, Auto, Wohnung, Arbeit, Freunde und die Art, wie wir unseren Kaffee trinken, bestimmen das Image, das wir von uns geschaffen haben. Wir investieren eine beachtliche Menge emotionaler Energie in den Schutz dieses Selbstbildes. Wenn uns der Postbeamte kurz angebunden behandelt, fühlen wir uns irritiert, weil scheinbar unser Selbstbild angegriffen worden ist. Wenn unsere neue Frisur von den Menschen, von denen wir es erwarten, nicht gebührend wahrgenommen und gelobt wird, werden wir ärgerlich, weil wir nicht die erhoffte Dividende für die Investition in unser Selbstbild bekommen haben. Wenn ein anderer Fahrer uns nicht die Spur wechseln lässt, sind wir sauer, weil unser Ego angekratzt wurde.

Verteidigen, was sich nicht verteidigen lässt

Das Problem dabei, so viel einzusetzen, um unser Selbstbild zu verteidigen, liegt – einfach gesagt – in der Tatsache begründet, dass es nicht real ist. Obwohl wir Menschen unglaublich viel Energie investieren, um unser Ego zu stärken, so hat es doch in Wahrheit keinerlei Substanz. Egal, wie elegant lackiert und poliert Menschen von außen auch wirken mögen, können sie sich dennoch nicht ganz sicher fühlen, weil sie auf einer bestimmten Ebene wissen, dass das von ihnen geschaffene Selbstbild nicht der Realität entspricht. Ihre innere Freiheit wird durch das Bedürfnis nach Anerkennung und Kontrolle begrenzt.

Dieses Bedürfnis ist weder falsch noch schlecht; es wirkt einfach nur begrenzend und einschränkend. Unsere Motivation der Selbstbestätigung nützt sowohl dem Einzelnen als auch der Gesellschaft. Unzufriedenheit ist die Basis unseres ständigen Strebens, uns zu entwickeln und zu verbessern. Oft ist es gerade das Gefühl der Unzulänglichkeit, das uns antreibt und zwingt, mehr und Besseres zu leisten. Und doch finden wir aufgrund unserer Leistungen weder echten Frieden, noch erfahren wir wahre Freiheit. Mit jedem Erfolg erleben wir zeitweise eine Welle der Befriedigung, der jedoch unmittelbar ein neuer Wunsch folgt. Das ist das Wesen des Lebens: Eine Sehnsucht spornt uns an zu handeln; unsere Handlung hinterlässt eine Prägung, die einen neuen Wunsch auftauchen lässt.

Es ist, als würde die Unzufriedenheit auch trotz unserer Erfolge ständig in unserer Nähe herumlungern und jene Stimmen aufwiegeln, die unseren Seelenfrieden stören. Die Stimme, die uns aufgrund eines künftigen Erwerbs, einer Position oder einer Beziehung Zufriedenheit verspricht, hält uns in Wirklichkeit in unseren Unsicherheiten gefangen. Echte Freiheit kann erst dann erblühen, wenn diese innere Stimme zum Schweigen gebracht wurde.

Eigene Wichtigkeit, Selbstmitleid

Sich selbst zu wichtig nehmen und Unsicherheit sind zwei Seiten derselben Medaille. Hier stoßen wir auf ein Paradox des Lebens, dass zwei anscheinend entgegengesetzte Eigenschaften doch so eng miteinander verknüpft sind. Menschen, die häufig und auf unbedachte Weise Macht ausüben, werden meist von einer tiefen Unsicherheit im Hinblick auf ihren Selbstwert getrieben.

Andererseits geht Unsicherheit oft aus einem aufgeblasenen Selbstwertgefühl hervor. Obwohl Kopernikus vor fast fünfhundert Jahren erklärt hat, dass wir nicht das Zentrum des Universums sind, hat das menschliche Ego die Wahrheit in dieser Tatsache noch nicht akzeptiert. Aus der Perspektive unseres Selbstbildes dreht sich alles nur um uns.

Wenn ein Teenager zu einer Party geht und sich darum sorgt, dass er oder sie einen Pickel am Kinn hat, dann stellt er sich vor, dass alle Anwesenden nur auf seinen bzw. ihren Pickel schauen werden. Wenn ein Schüler oder Student, der sonst nur Einser hat, in einem Mathematik-Test eine Zwei schreibt und sich nun große Sorgen macht, wie er dasteht, dann meint er, dass alle anderen Schüler oder Studenten nichts Besseres zu tun haben, als sich um seine „Unvollkommenheit“ Gedanken zu machen. Das sind zwei Beispiele dafür, wie Peinlichkeit und Schamgefühl aufgrund eines inneren Dialogs über die eigene Wichtigkeit entstehen können.

Befreiung von konditionierten Reaktionen

Täglich bieten sich uns Gelegenheiten, uns von unserem eingeschränkten Selbstbild zu befreien. Wir brauchen nur auf die äußeren Erfahrungen zu achten, die das Bedürfnis auslösen, unser Selbstbild zu verteidigen. Probieren Sie doch einmal die folgende Übung aus.

1. Eine Verletzung feststellen
Erinnern Sie sich an das letzte Mal, als Sie sich verletzt gefühlt haben, am besten innerhalb der letzten achtundvierzig Stunden. Das kann eine nebensächliche Angelegenheit sein wie ein Ärgernis mit einem Verkäufer oder auch eine tiefer gehende Auseinandersetzung mit einem guten Freund oder einem Mitglied der Familie.

2. Die Einzelheiten erinnern
Rufen Sie sich so viele Einzelheiten wie möglich in Erinnerung. Schließen Sie die Augen und lassen Sie die Geräusche und Bilder aufsteigen, die Sie provoziert oder geärgert haben.

3. Die Empfindungen zur Kenntnis nehmen
Stellen Sie neutral und quasi nur als Beobachter fest, welche Gefühle in Ihnen aufsteigen, wenn Sie sich an das betreffende Ereignis erinnern. Hören Sie ganz wach und bewusst auf die Signale, die Ihnen Ihr Körper sendet und verzichten Sie darauf, diese Signale und Gefühle zu bewerten. Spüren Sie Ihre Empfindungen, während Sie den inneren Dialog registrieren, der mit diesen Gefühlen verbunden ist.

4. Den Angriff erkennen
Etwas ist passiert, was nicht mit dem Selbstbild übereinstimmt, das Sie von sich haben. Das hat bestimmte Gefühle

in Ihnen ausgelöst. Beobachten Sie, ob Sie in diesem provozierenden oder ärgerlichen Ereignis einen Angriff auf Ihr Selbstbild erkennen können.

5. Die eigene Klarheit zurückgewinnen
Stellen Sie sich vor, wie Sie auf eine Weise hätten reagieren können, die weniger verletzt bzw. verletzend und durch Selbstbilder konditioniert gewesen wäre und die Sie deshalb in Ihrer eigenen Kraft mehr bestärkt, mehr „ermächtigt" hätte.

Freiheit im Alltag anstreben

Dieser einfache Prozess in fünf Schritten kann sehr befreiend wirken, wie ich kürzlich bei einem Patienten miterleben konnte. George, ein erwachsener und erfolgreicher Mann, verspürte einen ziemlich großen Druck, weil er in einem schon lange anhaltenden emotionalen Muster feststeckte. „Der Kerl bei der Arbeit macht mich ganz verrückt!" beschwerte sich George bei mir. „Er ist manipulativ, machtbesessen und ein Arschkriecher. Ich bin eigentlich sehr friedfertig, phantasiere jetzt aber darüber, dass ich die Scheiben seines BMWs zerschlage."

Nach einem Jahr als Finanzberater bei einem großen Wertpapierhaus hatte George einen wachsenden Klientenstamm und war in seiner Firma rasch aufgestiegen. Als Alex, ein Finanzplaner aus einer anderen Abteilung, in sein Büro versetzt wurde, spürte er sofort unerwünschte Konkurrenz. George war auf einmal immer mehr damit beschäftigt, sich über seinen Kollegen zu ärgern oder sich von ihm abgelenkt zu fühlen. Sowohl während der Arbeitszeit als auch danach steckte George in kämpferischen inneren Dialogen. Alex hatte Georges „Angst-Tyrannen" hervorgelockt. George war einverstanden, sich auf folgende Weise mit dem Thema auseinanderzusetzen.

1. Die Verletzung feststellen

George erinnerte sich an eine Episode am Morgen des betreffenden Tages, als er mitgehört hatte, wie ein Direktor Alex zur Akquisition eines neuen Kunden gratuliert hatte.

2. Die Einzelheiten klären

Anfangs ließ sich George lang und breit darüber aus, wie Alex dem Direktor angeblich Honig um den Bart geschmiert hatte. Er musste dann aber zugeben, dass er tatsächlich nur gehört hatte, wie Alex mitgeteilt hatte, dass eine Übertragung von Anlagen stattgefunden habe, worauf der Direktor „Gute Arbeit" gesagt hatte.

3. Die Empfindungen erkennen

Als ich George bat, seine Gefühle und Empfindungen zu beschreiben, führte er erst einmal eine Reihe von Bewertungen an: „Ich spüre, dass er unaufrichtig und habgierig ist und versucht, mich zu sabotieren. Ich finde, dass er eine Sonderbehandlung genießt." Ich ermutigte George, von seinem Verstand zu seinem Körper überzugehen und die Gefühle zu beschreiben, die seine Gedanken auslösten. Er erkannte, dass dicht unter der Oberfläche Gefühle der Unsicherheit sowie Versagensängste verborgen waren.

4. Den Angriff feststellen

Nachdem er den vermeintlichen Angriff festgestellt hatte, entdeckte George, dass sein Selbstbild als erster Mann an der Spitze der Abteilung verletzt worden war. Sein Image als der am schnellsten aufsteigende Superstar wurde durch Alex' Erfolge gefährdet.

5. Die eigene Klarheit zurückgewinnen

George erkannte, dass seine Leistungen unabhängig von Alex' existierten. Er konnte seine eigene mentale und emotionale Klarheit wiedergewinnen, indem er seine Sichtweise der Beziehung zu seinem Kollegen veränderte. George sah, dass seine subtile Angstreaktion die Chancen, selbst zu versagen, nicht verminderte, sondern noch erhöhte. Er entschloss sich, sein Augenmerk auf die Wünsche seiner Klienten zu konzentrieren und sich von dem Zwang zu befreien, sich ständig mit anderen zu vergleichen.

Entscheiden Sie sich ganz bewusst

Stellen Sie sich folgende Situation vor: Zum dritten Mal innerhalb von drei Wochen sind Sie zu spät zu einer Besprechung mit Ihrem Vorgesetzten erschienen. Einer Ihrer Kollegen tadelt Sie für Ihre wiederholte Verspätung, und Sie fühlen sich angegriffen. Sie reagieren mit der Feststellung, dass Sie sonst keineswegs unpünktlich sind und zählen alle möglichen guten Gründe auf, warum Sie im Interesse der Firma so beschäftigt waren, dass Sie heute zu spät gekommen sind. Dann gehen Sie in die Offensive und sprechen andere Konferenzen an, bei denen Sie als Erster da waren und die Person, die Ihre Unpünktlichkeit heute kritisiert hat, zu spät kam. Ihre Unsicherheit und damit Ihre Überzeugung, wie wichtig Sie sind, ist erweckt worden und Ihr innerer Dialog klingt dabei etwa so:

> *Was glaubt diese Person eigentlich, wer sie ist? Sie muss mir nicht erzählen, wie ich meine Arbeit mache. Ich arbeite zwölf Stunden lang für das Unternehmen, aber den Kollegen fällt es nur auf, wenn man einen Fehler macht. Von jetzt an werde ich mich nicht mehr derart für die Firma einsetzen.*

Obwohl es im Moment vielleicht nicht so aussieht, bieten solche Ereignisse doch ungeheure Chancen, mehr Freiheit zu verwirklichen. Da Sie wissen, dass alle Bemühungen, Ihr

Image und Ihr Selbstbild zu schützen, normalerweise eine Energieverschwendung sind, können Sie nun stattdessen über eine kreative Lösung der Situation nachdenken.

Wenn jemand etwas über Sie sagt, das Sie verletzt, haben Sie drei Wahlmöglichkeiten: Sie können sich verteidigen, Sie können rationale Erklärungen suchen oder Sie können überlegen, ob der Charakterzug oder die Verhaltensweise, die Sie abstreiten oder verteidigen, nicht etwas mehr von Ihrer Aufmerksamkeit gebrauchen könnte.

Im oben angeführten Beispiel können Sie die andere Person angreifen; Sie können rational begründen, dass Sie angesichts der vielen Arbeit, die Sie leisten, zu spät kommen dürfen; oder Sie können die von Ihnen unerwünschte Information über Ihre Unpünktlichkeit annehmen und sie benutzen, um sich fest zu entschließen, mehr Freiraum zwischen Ihren verschiedenen Aufgaben zu schaffen. Anstatt dem Gefühl zu frönen, verletzt worden zu sein, können Sie die ungewollte Information verwenden, um sich selbst zu ermächtigen, sich zu verändern. Wenn Sie die Kraft der Entscheidung einsetzen, gelangen Sie von der Gefangenschaft in die Freiheit.

Entscheiden Sie sich für Freiheit

Wandel ist die einzige Konstante im Leben. Er ist das Einzige, worauf wir uns verlassen können. Das meiste menschliche Leiden resultiert aus dem Widerstand gegen Veränderung. Entweder widersetzen wir uns, dass neue Dinge in unser Leben eintreten oder dass altvertraute Dinge sich auflösen. Wenn wir uns dem widersetzen, was unausweichlich ist, halten wir uns selbst durch unsere eigenen begrenzenden Ideen darüber gefangen, wie das Leben und die Dinge sein sollten. Wahrer Seelenfrieden hängt nicht davon ab, dass das Leben immer eine bestimmte Form hat, denn alle Formen verändern sich früher oder später.

Aus spiritueller Sicht ist die Freiheit, keine bestimmten Ergebnisse im Leben zu erwarten, der höchste Ausdruck echter Befreiung. Wir können uns entscheiden, wie wir handeln, können jedoch die Konsequenzen unserer Entscheidungen nicht beherrschen. Die Freiheit wächst, wenn wir unsere Energien auf die verfügbaren Optionen richten und Entscheidungen treffen, welche die größten Chancen bieten, Frieden und Glück in unserem Leben zu vermehren.

Nach der Befreiung aus Ägypten wanderten die Israeliten vierzig Jahre lang in der Wüste umher. Dies sollte uns daran erinnern, dass es manchmal einige Zeit braucht, bis die Folge eines ersten Schrittes ihren vollständigen Ausdruck findet (hoffentlich dauert es bei uns nicht auch vierzig Jahre!). Man kann nur dann in das Land von Milch und Honig gelangen, wenn man sich zuvor für die Freiheit entschieden hat. Teilen Sie das Meer!

Ich demonstriere meine Entscheidung für Freiheit, indem ich:

1. auf meinen Körper und die Empfindungen achte, die er erzeugt, um innere Konflikte zu erkennen und zu befrieden.
2. die Gewohnheit pflege, mich selbst zu fragen: „Welche Entscheidung kann ich *jetzt* treffen, um mehr Wohlbefinden zu erlangen?"
3. eine aufrichtige Bilanz über meine inneren Begrenzungen ziehe, die mir nicht dienen, und mindestens eine Veränderung vornehme, die meine Freiheit vergrößert.

Die Zweite Entscheideung

Ich entscheide mich für Authentizität

Du sollst dir kein Götzenbildnis machen.
– Exodus 20:4

Gott hat sich als eine Myriade von Dingen verkleidet
und ein Fangenspiel begonnen.
Er hat dich geküsst und dabei gesagt,
„Du bist es – ich meine, du bist es wirklich!“
– Hafiz

Schon länger, als Sie sich erinnern können, streben Sie nach Anerkennung und danach, sich angenommen zu fühlen. Als Kind haben Sie schnell gelernt, dass die Art und Weise, wie Sie sich benommen haben, wie Sie geschaut, gesprochen und sogar wie Sie gedacht haben, bestimmt, ob es Ihnen leicht oder schwer fallen würde, Ihre Bedürfnisse zu erfüllen. Sie haben gelernt, sich anzupassen und sich auf die Werte anderer Menschen einzustellen, um die Zuwendung und die Unterstützung zu erfahren, die Sie brauchten. Die zweite Entscheidung bestärkt Sie darin, sich bewusst die Masken anzusehen, die Sie aufgesetzt haben und jene Masken abzulegen, welche Sie am Ausdruck Ihrer wahren Persönlichkeit hindern.

Authentizität bedeutet Harmonie zwischen Ihren Überzeugungen, Wünschen und Entscheidungen in einer Welt, die stimmig ist. Wünsche verändern sich im Verlauf eines Lebens, aber die Übereinstimmung zwischen Idealen, Zielen und Verhaltensweisen bildet den Schlüssel zu einem Leben in Frieden, Glück und Erfolg. Wenn Sie auf eine Weise handeln, die Ihre echten Wünsche nicht erfüllen kann, werden Sie im Leben eine innere Spannung verspüren, weil Handlungen und seelische Ausrichtung nicht übereinstimmen. Wünsche, die mit Kernüberzeugungen übereinstimmen, führen zu machtvollen Handlungen. Wie Wellen, die aus der Tiefe des Meeres aufsteigen, werden Aktionen, die mit Ihrem authentischen Selbst in Harmonie stehen, Ihre Wünsche mit hoher Wahrscheinlichkeit verwirklichen können.

Wünsche lassen sich in ganz wenigen Kategorien zusammenfassen. Wir wünschen uns materielle Fülle, stärkende Liebe, sinnvolle Arbeit und eine bewusste Verbindung mit dem tiefen Geheimnis des Lebens. Entscheidungen, die dem entsprechen, was wir wissen, fühlen und für wahr halten, erzeugen eine natürliche Leichtigkeit und Selbstsicherheit. Wenn wir zulassen, dass sich etwas zwischen uns und unsere Kernwerte sowie Entscheidungen im Leben stellt und uns davon ablenkt, dann erschöpft sich unsere Energie sehr schnell. Diese Ablenkungen werden zu falschen Idolen, die unseren Zugang zum Göttlichen blockieren.

Der Begriff Authentizität wird von dem lateinischen Wort *authenticus* abgeleitet, welches bedeutet, dass etwas von einem realen Autor stammt. Authentisch zu sein bedeutet also, die Verantwortung dafür zu übernehmen, die eigene Lebensgeschichte zu schreiben. Viele Menschen wissen zwar, dass sie in ihrem eigenen Leben eine Rolle spielen, können sich aber nicht daran erinnern, sich je um diese Rolle beworben zu haben.

Jennas Eltern ließen sich scheiden, als sie vier Jahre alt war. Ihre Mutter heiratete innerhalb eines Jahres wieder. Eine Jahr später zerbrach diese Familie ebenfalls und ihre Mutter zog mit ihr an ihren Heimatort, damit sie in der Nähe der Eltern ihrer Mutter wohnen würden. Jenna lebte mit ihrer Mutter und ihren Großeltern, bis sie das Gymnasium abschloss. Kurz nachdem sie von zu Hause auszog, nahm Jenna einen Job als Kellnerin an und begann prompt mit dem Trinken, konsumierte Kokain und hatte Gelegenheitssex. Sechs Monate später wurde sie schwanger. Ihr Freund blieb bis einen Monat nach der Geburt des Babys in der Gegend und verschwand danach für immer aus ihrem Leben.

Ein Jahr später wurde sie wieder schwanger und entschloss sich dieses Mal, den Vater zu heiraten. Jetzt, drei Jahre später, sind sie noch zusammen, aber ihre Beziehung wackelt. Jenna beklagt sich über ständige Erschöpfung und Depressionen.

Was würde es für diese junge Frau bedeuten, authentisch zu sein? Indem sie ihren falschen Idolen des Trinkens, der Drogen und des Gelegenheitssexes dient, hat sie sich kurzfristige Erleichterung gegen langfristiges Leid eingehandelt. Da sie in ihrem bisherigen Leben Entscheidungen fast nur auf der Basis getroffen hatte, was ihr momentane Linderung ihrer emotionalen und körperlichen Schmerzen versprochen hatte, hat Jenna erst seit kurzer damit begonnen, sich bewusst zu überlegen, wie sie eine authentische Identität und Sinn im Leben finden könnte.

Jeder von uns ist in einer ähnlichen Lage. Als Wesen, die zwischenmenschliche Bindungen haben, übernehmen wir Glaubensmuster und Sichtweisen von Menschen, mit denen wir zusammen sind. Es gibt eine natürliche Spannung zwischen unserem Bedürfnis, Anerkennung zu finden und unserem Streben danach, unser authentisches Selbst in der Welt auszudrücken und zu verwirklichen. Wir probieren unterschiedliche Verkleidungen aus und hoffen darauf, dass eine davon passt und uns die Liebe und Anerkennung bringt, die wir suchen.

Unser Wesen besitzt viele Facetten. Wir alle haben helle und dunkle, tief gehende und oberflächliche, offene und verschlossene Seiten. Authentizität verlangt, dass wir unsere Vielschichtigkeit annehmen und uns zugleich bemühen, jene Charaktermerkmale zum Ausdruck zu bringen, die mit unseren bewussten Absichten übereinstimmen. Wir werden zu dem, wofür wir uns entscheiden. Doch häufig sind wir uns dessen gar nicht bewusst, dass wir uns entscheiden. Wenn wir zu bewussteren „Entscheidern“ werden, dann werden wir selbst auch authentischer.

Authentische Entscheidungen

Sich für Authentizität zu entscheiden bedeutet, Verantwortung für das zu übernehmen, was Sie tun und was Sie sich entschließen, nicht zu tun. Gesundheit und Vitalität lassen sich erreichen und erhalten, wenn Sie sich entscheiden, die Aufnahme von Erfahrungen und Substanzen zu verringern, die Ihren Geist und Ihren Körper belasten, sowie gleichzeitig die Aufnahme solcher Erlebnisse und Stoffe zu vermehren, die einen wohltuenden Einfluss ausüben.

Menschen entwickeln leicht Gewohnheiten, und fast jeder Mensch kann nach irgendetwas süchtig werden. Sie wissen, dass Sie von etwas abhängig sind, wenn der Entzug dieser Substanz oder dieses Verhaltens von emotionalem oder physischem Unwohlsein begleitet ist. Es gibt bekanntlich eine Vielzahl potenziell süchtig machender Chemikalien wie Alkohol, Drogen, einige Schmerzmittel und bestimmte Psychopharmaka. Daneben existieren subtil süchtig machende Substanzen wie Koffein, Schokolade oder Zucker. Die Abhängigkeit von bestimmten Verhaltensmustern wie Spielsucht, Einkaufen gehen oder immer neue Kicks durch riskante Abenteuer können Menschen gleichfalls in gefährlichen Gewohnheiten festhalten. Manche Menschen entwickeln eine Abhängigkeit von Statussymbolen, Macht oder Prestige. Ich treffe viele Menschen, die süchtig nach Leistung oder Anerkennung sind oder unter Perfektionismus bzw. Kontrollsucht leiden. Ich sehe Menschen, die süchtig nach Streit, Übertreibung oder Lügen sind. Eine Sucht nährt oft andere schädliche Folgegewohnheiten.

Das Streben nach Authentizität fordert von Ihnen, dass Sie sich Ihre Gewohnheiten und Muster ehrlich ansehen und feststellen, ob sie Ihnen nutzen oder nicht. Egal, ob es letztlich einem höheren Ziel dient oder nicht, bedient doch jedes Sucht- oder Gewohnheitsverhalten den unmittelbaren Wunsch, Sorgen oder Angst zu vermindern. Da es so anstrengend ist, Ihr Selbstbild aufrecht zu erhalten, wird alles, wodurch Sie die Spannung zeitweise verringern können, attraktiv erscheinen. Wenn die Verhaltensweise vorübergehenden Druck erfolgreich auflösen kann, gewöhnt man sich schnell an diese Erfahrung.

Hindernisse auf dem Weg zu einem authentischen Leben erkennen

Jeder, der sich persönlich weiterentwickeln möchte, steht vor der Herausforderung, gute Absichten in gute Entscheidungen zu verwandeln. Menschen, die es gut mit sich und anderen meinen und die besten Absichten haben, sich und ihr Leben zu heilen und zu transformieren, stellen häufig fest, dass die Furchen ihrer eingefahrenen Gewohnheiten zu tief sind, um je aus eigener Kraft wieder dort herauszugelangen. Es ist sehr schwierig, vom *Wunsch* nach Veränderung zur *tatsächlichen* Veränderung zu finden. Dazu muss man negative Muster zunächst feststellen, sie dann loslassen und schließlich positive Muster entwickeln.

Aus zwei Gründen ist es nicht einfach, mit einer Gewohnheit zu brechen; zunächst einmal, weil die Gewohnheit zumindest anfangs ein Bedürfnis erfüllt hat. Des Weiteren werden durch Gewohnheiten im Gehirn neuronale Kreisläufe geprägt, welche die Wiederholung vorhersehbarer Verhaltensmuster bestärken. Gewohnheiten erzeugen biochemische und physiologische Veränderungen, die dazu beitragen, Verhaltensweisen laufend weiter fortzusetzen.

Alle Gewohnheiten besitzen emotionale und physische Elemente. Sie müssen sich um jeden dieser Aspekte kümmern, wenn Sie eine lebensschädigende Gewohnheit aufgeben und eine lebensfördernde an ihre Stelle setzen wollen.

1. Das Hindernis erkennen

Eine Gewohnheit muss als solche erkannt werden, damit man sie ändern kann. Die Ansicht, „Ich kann damit jederzeit aufhören, wenn ich will“ ist meistens nichts anderes als ein Ausdruck von Verdrängung. Eine Gewohnheit oder ein Suchtmuster ist etwas, das zu Unbehagen oder Unwohlsein führt, wenn es gestoppt wird. Gerade das ist ja ein Grund dafür, dass die Menschen ihr Verhalten beibehalten. Eine unerwünschte Gewohnheit kann nicht aufgegeben werden, ohne dass sie zuvor ganz bewusst als Gewohnheit wahrgenommen wird.

Nehmen Sie sich einige Augenblicke Zeit, um eine Gewohnheit festzustellen, die Ihrer Gesundheit und Ihrem Glück entgegenwirkt. Schließen Sie Ihre Augen und fragen Sie sich: „Was möchte ich wirklich verändern? Was muss ich wirklich ändern?“ Das Risiko, dass Sie aus dunklen Ecken Ihrer Psyche sabotiert werden, verringert sich deutlich, wenn Sie sich Ihrem „Gegner“ direkt stellen.

2. Vorhandene Verhaltensmuster

Richten Sie Ihre volle Aufmerksamkeit auf Ihre Gewohnheit. Falls Sie sich immer an die Lippe greifen, bringen Sie dieses Verhalten ganz in Ihr Bewusstsein. Falls Sie Zigaretten rauchen, richten Sie Ihre ganze Aufmerksamkeit auf den Akt des Rauchens. Falls Sie Wodka trinken, spielen oder sich mit Ihrer Partnerin bzw. Ihrem Partner streiten, beobachten Sie Ihr eigenes Verhalten und werden Sie sozusagen Zeuge davon. Zu rauchen, während man telefoniert, fernzusehen, während man Überweisungen macht oder zu debattieren, während man am Steuer sitzt verhindert, dass man sich seiner Muster bewusst wird, weil die Aufmerksamkeit dabei stets geteilt ist. Hören Sie mit allem anderen auf, was Sie während Ihrer Gewohnheit vielleicht sonst noch tun und verbinden Sie sich mit Ihrem inneren Zeugen bzw. Beobachter.

Wenn Sie dies geschafft haben, *legen Sie jetzt dieses Buch beiseite und führen Ihr Gewohnheitsverhalten aus.* Nagen Sie an Ihren Fingernägeln, rauchen Sie eine Zigarette, gießen Sie sich ein Glas Wein ein, holen Sie sich Kekse aus der Küche, fangen Sie an zu streiten. Führen Sie dieses normalerweise unbewusste Muster nun bewusst aus. Öffnen Sie sich für eine wache Einstellung, verlangsamen Sie Ihre Handlungen, sodass Sie von einem bisher konditionierten, also quasi fremdbestimmten Verhalten in ein nicht konditioniertes übergehen. Stellen Sie fest, welche Empfindungen in Ihrem Körper und welche Gedanken in Ihrem Geist auftauchen, während Sie dieses Gewohnheitsritual ausführen. Verlagern Sie Ihren inneren Bezug vom Handelnden, der agiert, zum Status eines Beobachters. Nehmen Sie einfach ohne jede Beurteilung die Entscheidungen, die Ihrer Gewohnheit zugrunde liegen, zur Kenntnis. Üben Sie dies mehrmals.

3. Eine Vision des Neuen entwickeln

Ihr Verstand und Ihr Körper werden von neuronalen Netzwerken und Verbindungen in Ihrem Gehirn regiert. Wenn Sie in eine Beobachterhaltung wechseln und so Ihre mentalen und körperlichen Gewohnheiten bewusst beobachten können, erhöhen Sie Ihre Chancen, neue Entscheidungen zu treffen, durch die veränderte Gehirnverbindungen entstehen können.

Schließen Sie die Augen, atmen Sie tief ein und stellen Sie sich die Veränderung im Leben vor, die Sie gerne verwirklicht sähen. Wenn es darum geht, gesünder zu essen, erschaffen Sie vor Ihrem geistigen Auge ein Szenario, das alle wesentlichen Elemente dieser Verhaltensweise enthält. Stellen Sie sich vor, dass Sie alle minderwertigen Nahrungsmittel aus Ihrer Küche entfernen. Sehen Sie vor Ihrem inneren Auge, wie Sie auf dem Markt gesunde Lebensmittel einkaufen und sie zu Hause zubereiten. Visualisieren Sie die Naturkostrestaurants, in denen Sie Ihr Mittagessen einnehmen. Stellen Sie sich gesunde Snacks vor, die Sie abends essen.

Wenn Sie meinen, es würde Ihnen nutzen, die halbe Flasche Wein, die Sie jeden Abend trinken, wegzulassen, dann stellen Sie sich vor, wie Ihr Leben ohne den Alkohol sein wird. Wenn Sie spüren, dass es an der Zeit ist, mit den Streitereien aufzuhören und die Nähe zu Ihrer Partnerin bzw. Ihrem Partner wiederzugewinnen, dann visualisieren Sie, wie diese neue Beziehung aussieht.

Schreiben Sie das Drehbuch für Ihr neues Leben zuerst in Ihrem Geist, um es anschließend zu Papier zu bringen. Lesen Sie es täglich, verändern Sie es, um die Geschichte besser zu machen. Wenn Sie sich über das, was Sie wollen, im Klaren sind, beginnen Sie mit den Proben.

4. Aufräumen

Legen Sie sich auf ein Datum und eine Uhrzeit fest, wann Sie Ihre Gewohnheit ändern werden, die zu Ihrem falschen Idol geworden ist. Fangen Sie damit an, Verführungsmomente aus Ihrer Umgebung zu entfernen und Menschen in Ihrer Umwelt um Unterstützung für Ihr Vorhaben zu bitten. Wenn Sie aufhören wollen, Zucker zu essen, beseitigen Sie alle Kekse, Süßigkeiten und Kuchen. Wenn Sie aufhören wollen, Marihuana zu rauchen, dann werfen Sie alle Vorräte fort. Wenn Sie kein Bier mehr trinken möchten, dann bringen Sie alle Kästen und Flaschen aus dem Haus.

Vielleicht sieht es so aus, als ob man bestenfalls eine Veränderung auf einmal bewältigt. Nach meiner Erfahrung ist es jedoch so, dass es Menschen, die sich ganz für einen umfassenden Prozess der Heilung und Transformation entscheiden, leichter fällt, mehrere einengende Gewohnheiten gleichzeitig aufzulösen.

Im Allgemeinen ist es am besten, mit der Gewohnheitsveränderung am Samstagvormittag anzufangen, damit Sie das gesamte Wochenende zur Verfügung haben, um die Veränderungen, die Sie planen, auch wirklich durchzuführen. Vereinfachen Sie in den ersten 72 Stunden, also in den ersten drei Tagen, Ihr Leben soweit es nur denkbar ist. Hier einige Vorschläge, die sich nach meiner Erfahrung bewährt haben.

- Trinken Sie reichlich Ingwertee; das bewirkt eine natürliche Entgiftung. Dazu geben Sie einen Teelöffel frisch geriebene Ingwerwurzel in einen Liter heißes Wasser und trinken den ganzen Tag über kleine Schlucke davon. Ingwertee hilft besonders, wenn Sie Ihre Gier nach Kaffee, minderwertigen Nahrungsmitteln („junk food"), Zigaretten oder Alkohol aufgeben möchten.
- Schenken Sie Ihren Sinnen gesunde Freuden: Lassen Sie sich massieren, gehen Sie zum Yoga oder wandern Sie in einer schönen Umgebung.
- Erklären Sie dieses Wochenende zu Tagen der umfassenden Entgiftung. Waschen Sie Ihr Auto, räumen Sie Ihre Schränke und Schubladen auf, suchen Sie Kleidungsstücke aus, die Sie verschenken wollen. Nehmen Sie so viele entlastende Veränderungen in Ihrem Leben vor wie nur möglich.
- Machen Sie sich einen Tagesplan, der hilft, alte bzw. schlechte Gewohnheiten loszulassen. So könnte er aussehen:

  7 Uhr Ohne Wecker aufwachen, indem man die Vorhänge teilweise offen lässt.

  7 Uhr 30 Entspannungs- oder Meditationszeit, um sich auf einen ruhigen, schönen Tag einzustimmen

8 Uhr Gesundes Frühstück
9 Uhr Gymnastik- oder Yogastunde
11 Uhr Dreiviertelstunde Spaziergang
12 Uhr 30 Gesundes Mittagsessen mit Freund oder Freundin
14 Uhr Neue Blumen im Garten oder im Balkonkasten pflanzen
17 Uhr Entspannungs- oder Meditationszeit, um dem Geist Stille und Ruhe zu gönnen
18 Uhr 30 Leichtes Abendessen
19 Uhr 30 Kino mit Freund/Freundin oder Partner/Partnerin
21 Uhr Warmes Bad, beruhigender Kräutertee, schönes Buch lesen
22 Uhr Bettzeit, Licht aus

Es bedarf konzentrierter Aufmerksamkeit und klarer Absicht, wenn man sich von Gewohnheiten lösen will, in die man seit langer Zeit verstrickt ist. Ob Sie sich von einer schädlichen Substanz befreien, eine bedrückende Arbeit aufgeben oder aus einer belastenden Beziehung lösen möchten – die ersten drei sind Tage meistens die schwierigsten. Eliminieren Sie die üblichen Ablenkungen, damit Sie wirklich ganz konzentriert dabei bleiben können, die unerwünschte Gewohnheit zu beseitigen. Es wird leichter, wenn es Ihnen gelingt, Ihren Absichten 72 Stunden hindurch treu zu bleiben. Nach sechs Wochen wird sich das neue, gesunde Muster eingeprägt haben.

5. Die Leere erfüllen

Gewohnheiten befriedigen Bedürfnisse. Wenn Sie eine unerwünschte Gewohnheit loswerden wollen, müssen Sie diese mit einer aufbauenden Gewohnheit ersetzen, weil Sie sich sonst nur als ein „Ex-Abhängiger" betrachten. In dem Maße, wie Sie Kräfte, Elemente und Gewohnheiten in Ihr Leben einbringen, die Ihr emotionales und körperliches Wohlbefinden stärken, wird sich in Ihnen eine nachhaltig wirksame Harmonie an die Stelle der vorübergehenden und schädlichen Wunschbefriedigung durch Ihre alten Gewohnheiten setzen.

- Ersetzen Sie den alltäglichen Kaffee durch Kräutertees und frische Säfte.
- Kauen Sie auf einer Zimtstange, anstatt sich eine Zigarette in den Mund zu stecken.
- Praktizieren Sie eine Entspannungs- oder Meditationstechnik, um sich nach der Arbeit zu entspannen, anstatt sich einen Abendcocktail einzugießen.
- Planen Sie jeden Nachmittag eine regelmäßige Gymnastik- oder Bewegungszeit ein, um Ihre Spannungen abzubauen, anstatt Ihre Kinder anzuschreien.
- Hören Sie schöne Musik, während Sie sich ein wohlriechendes Bad einlassen, anstatt dumpf vor dem Fernseher herumzuhocken.

6. Neue Verbindungen aufnehmen

Co-Abhängigkeit ist unter Psychologen ein weithin bekannter Begriff. Er bezieht sich auf Beziehungen, die so verstrickt sind, dass jeder Schritt, den eine beteiligte Person macht, die andere betrifft. Der Selbstwert des einen Menschen ist abhängig von der Anerkennung und Zustimmung des anderen. Die Worte und Handlungen des einen beziehen sich ständig auf die des anderen. Die Beziehungen, Werte und Interessen einer Person sind so mit denen der anderen verknüpft, dass die Grenzen ihrer unterschiedlichen Identitäten verschwimmen.

Es gibt sicherlich unterschiedliche Stadien der Co-Abhängigkeit, aber in Wahrheit sind wir alle co-abhängig. Jeder von uns tauscht sich laufend in Gedanken und Gefühlen mit Menschen in seiner Umgebung aus. Ständig nehmen wir Einstellungen, Glaubensmuster, Gefühle, Wahrnehmungen und Deutungen auf und senden solche aus. Wenn Sie sich mit vielen Menschen umgeben, die „Workaholics“ sind, ist es wahrscheinlich, dass Sie deren Züge übernehmen. Wenn Sie mit Menschen zusammenleben, die sich für natürliche Bionahrung interessieren, ist es wahrscheinlich, dass Sie durch deren Überzeugungen und Verhaltensweisen beeinflusst werden. Wenn Sie feststellen, dass es gut wäre, mit dem Rauchen von Marihuana aufzuhören, aber weiter in einer Wohngemeinschaft leben, in der die anderen Bewohner jeden Tag high werden, wird es viel schwieriger (wenn auch nicht unmöglich), dass Sie an Ihrem Kurs festhalten.

Menschen möchten irgendwo dazugehören und ihre Zugehörigkeit zu einem Stamm oder einer Gemeinschaft dadurch zum Ausdruck bringen, dass sie sich so verhalten, wie es für die Gruppe typisch ist. Wenn man sich von einem schädlichen Verhalten befreien möchte, kann es notwendig sein, eine Distanz zwischen sich und Mitgliedern seiner Gemeinschaft zu schaffen, die solche Gewohnheiten weiter pflegen. Das ist oft eine der höchsten Hürden, die zu überwinden sind, wenn man sich von versklavenden Gewohnheiten befreien und die eigene Autorität wiedergewinnen möchte.

Bemühen Sie sich, soweit dies möglich ist, darum, Beziehungen zu suchen und mit Gemeinschaften Verbindung zu halten, die Sie in Ihrer Selbstverpflichtung zu lebensfördernden Entscheidungen bestärken. Das kann so einfach sein wie die freie Wahl, in Naturkostläden oder – restaurants zu essen anstatt bei Fastfood-Ketten, oder Mitglied in einem Fitnessclub zu werden, an Pilates-Kursen teilzunehmen oder sich für ein Meditationsseminar anzumelden. Authentizität beginnt mit einer klaren Absicht;

diese manifestiert sich jedoch erst in neuen Entscheidungen und deren Verwirklichung.

Authentisches Eigentum

Kinder spielen gerne mit Spielsachen. Gehen Sie mit einem dreijährigen Kind in einen Spielzeugladen und es wird sofort seinen Besitz an einer Puppe, einem Laster oder einem Ball erklären. Wenn ein anderes Kind ihm dieses Spielzeug wegzunehmen versucht, steigt der Wert des betreffenden Spielzeugs, und die Anstrengungen, die Besitzansprüche daran geltend zu machen, eskalieren ebenso. Wenn sich jedoch alles ohne Konkurrenz oder irgendeinen Eingriff abspielt, wird das Kind nach kurzer Zeit des zuerst gewählten Spielzeugs überdrüssig und dann seine Vorliebe für ein anderes entdecken.

Wir sind in eine materielle Welt hineingeboren und es ist Teil unseres Geburtsrechts, dass wir uns an der Fülle erfreuen. Das Universum ist ein Ausdruck von Fülle. Unsere Herausforderung besteht darin, dass wir Freude in dieser Welt erleben, ohne dass wir unseren Seelenfrieden und unser Wohlbefinden vom Erwerb oder dem Besitz von Dingen abhängig machen.

Materielle Dinge können den Status von Götzenbildern annehmen, wenn Sie zu viele emotionale Energie investieren, um die betreffende Sache zu bekommen. „Ich werde glücklich, sobald ich in meinem neuen Haus eingezogen bin." „Ich kann es gar nicht erwarten, mein neues Auto zu bekommen." „Ich werde mich selbstsicher fühlen, sobald mir dieses Kleidungsstück passt." Dabei wissen Sie längst, dass mehr Dinge Sie nicht glücklicher machen.

Wenn es um Besitz geht, wird weder ein Anbeten der Materie noch ein gespielter Mangel an Interesse zur eigenen

Authentizität beitragen. Schauen Sie sich einmal Ihren Besitz an und ziehen Sie Bilanz. Haben Sie genug? Zu viel? Nicht genug? Was müsste anders werden, damit Sie genügend hätten? Wenn Sie das Gefühl haben, dass Ihr materieller Besitz in Wahrheit Sie besitzt, dann ist dies ein deutliches Signal, dass Sie Ihr Leben vereinfachen sollten.

Freuen Sie sich an Ihrem Besitz und freuen Sie sich an sich selbst und Ihrem Sein. Gehen Sie im Wald spazieren. Fahren Sie mit dem Rad. Spielen Sie mit Ihren Kindern oder Haustieren. Freuen Sie sich an guten Gesprächen unter Freunden. Genießen Sie die Welt der Menschen und Dinge, ohne den Besitz daran zu Ihrer treibenden Kraft zu machen.

Authentisch vielschichtig sein

Wenn Heuchelei die Diskrepanz beschreibt zwischen dem, was wir sagen und dem, was wir tun, dann sind wir alle Heuchler. Wir tun so, als ob wir entschiedene Umweltschützer wären, aber geben den Plastikbeutel nicht zum Recycling. Wir tragen vielleicht die Ideale gesunder Ernährung vor uns her, aber frönen Pommes Frites und Milchshakes. Wir vertreten die Prinzipien der Gewaltlosigkeit und streiten uns lautstark mit jemandem, der nicht unserer Meinung ist.

Authentizität verlangt keine Vollkommenheit, denn dann gäbe es ja keinen einzigen authentisch lebenden Menschen auf dieser Erde. Menschen verkörpern widersprüchliche Werte und Wünsche. Authentizität bedeutet, dass wir unsere Widersprüchlichkeiten und Unklarheiten akzeptieren und zugleich unser Bestes tun, um Entscheidungen zu treffen und umzusetzen, die unseren Kernwerten entsprechen. Immer, wenn unsere Handlungen nicht mit unseren Überzeugungen oder ausdrücklichen Wünschen übereinstimmen, haben wir die Möglichkeit, neue Entscheidungen zu treffen, die uns dorthin zurückbringen, wo wir sein möchten.

Wenn unser Verstand still wird, können wir die innere Stimme deutlicher hören, die uns nach Hause ruft, an einen Ort unerschütterlicher Authentizität. Von diesem Ort aus dienen wir uns selbst und jenen, mit denen wir unser Leben teilen.

Ich demonstriere meine Entscheidung für Authentizität, indem ich:

1. Verhaltensmuster feststelle, die nicht meinen Kernüberzeugungen entsprechen und indem ich diese bewusst durch Entscheidungen ersetze, die in Harmonie mit meinem inneren Selbst sind;
2. mir die Frage stelle, wie sich das nächste Kapitel in meinem Leben entfalten soll und indem ich Schritte unternehme, die mit dieser Vision übereinstimmen;
3. mir meine materielle Außenwelt ansehe und sie in Übereinstimmung mit meinen Werten bringe, mit Hilfe einer Balance zwischen Einfachheit und Fülle.

Die Dritte Entscheidung

Ich entscheide mich für Akzeptanz

Du sollst den Namen des Herrn,
deines Gottes, nicht missbrauchen.
– Exodus 20:7

Jeder ist Gott, der spricht.
Warum solltest du nicht so höflich sein
und Ihm zuhören?
– Hafiz

„Verdammt! Die Hausverwaltung, die mein Apartment für mich vermietet, teilt dem Finanzamt mit, wie viele Mieteinnahmen ich bekomme, und die muss ich jetzt versteuern. Meine dreißigjährige Tochter erklärt, dass sie sich scheiden lässt und mit ihren beiden Kindern in mein Haus einziehen möchte. Und noch dazu ist gestern jemand an meinem Auto entlang geschrammt und einfach weitergefahren. Falls es einen Gott gibt, bin ich ihm offensichtlich völlig egal."

Manchmal läuft das Leben so, wie wir es möchten, und manchmal tut es das einfach nicht. Wenn alles nach unseren Vorstellungen läuft, fühlen wir uns in Harmonie mit unserer Umwelt und dem Universum. Wenn das, was wir wünschen, und die tatsächliche Entfaltung des Lebens nicht übereinstimmen, erfahren wir dies als Disharmonie und Stress. Wenn unsere Frustration den Siedepunkt erreicht, schlagen wir unter Umständen mit Worten und Handlungen zu, um Menschen in unserer Umgebung oder Gott zu treffen. Das Gebot, Gottes Namen nicht zu missbrauchen, nämlich auch die eigenen Lebensumstände nicht zu verfluchen, kann man auch anders formulieren: „sich dafür zu entscheiden, den gegenwärtigen Augenblick anzunehmen."

Zeit ist ein menschliches Konstrukt. Wir beobachten, dass Babys aus dem Schoß der Mutter kommen, aber nicht dorthin zurückkehren und dass ein zerbrochenes Glas sich nicht wieder zusammenfügt. Wir können nicht zurückgehen in der Zeit. Unsere Vorstellung von Zeit spiegelt den

Fluss unserer Gedanken wider. Ein Gedanke nach dem anderen vermittelt uns das Gefühl von Zeit. Wenn Sie sich der Gedanken bewusst werden, die in Ihrem Geist auftauchen und wieder verschwinden, werden Sie feststellen, dass es sich um Überlegungen handelt, die entweder mit der Vergangenheit oder mit der Zukunft zu tun haben. Sie denken vielleicht an ein Gespräch, das Sie gestern führten, oder an ein Treffen, an dem Sie vor einem Monat teilnahmen. Oder Sie überlegen, was bald passieren wird: Eine Prüfung steht bevor, ein Umzug in eine andere Stadt, ein Termin bei Gericht. Ihr Geist erzeugt aufgrund von Generationen von Gedanken, die er erlebt hat, die Erfahrung von Vergangenheit und Zukunft. Er tut dies mit Hilfe von Erinnerungen an früher und Erwartungen über das, was vor Ihnen liegt.

Wenn Sie sich die Vergangenheit ins Gedächtnis rufen, kommt Ihnen vielleicht ein Erlebnis in den Sinn, an das Sie voller Freude oder mit Reue denken. Wenn Sie in die Zukunft blicken, schauen Sie vielleicht voller Begeisterung oder mit großer Sorge auf eine bevorstehende Situation. Wenn Sie es zulassen, dass frühere Verlusterfahrungen oder Fehler Ihr Bewusstsein beherrschen, oder wenn Sie ständig in der Erwartung leben, dass sich irgendetwas noch ereignen wird, dann sind Sie an Ereignisse gekettet, auf die Sie nur einen sehr begrenzten Einfluss ausüben. Um in Frieden zu leben, müssen Sie die Vergangenheit loslassen, für die Zukunft offen sein und die Gegenwart so annehmen, wie sie ist.

Es fällt leicht, Akzeptanz zu üben, wenn alles gut geht. Wenn dies nicht so ist, fällt es viel schwerer. Die Entscheidung, die Gegenwart zu akzeptieren, umfasst auch anzunehmen, dass es schwierige Zeiten geben wird, wenn gerade diese Akzeptanz schwer fällt. Obwohl solche Zeiten schwierig sein können, stellen sie doch Chancen für eine enorme persönliche Entwicklung dar.

Den Widerstand aufgeben

Der modernen Naturwissenschaft zufolge existierte unser Universum nicht, bis vor 13,6 Milliarden Jahren ein Funke den so genannten Big Bang, den Urknall, auslöste. Diese Eruption setzte Partikel von Materie und Antimaterie frei; die überwiegende Mehrzahl dieser Partikel löschte sich innerhalb der ersten Nanosekunden der Schöpfung gegenseitig aus. Ungefähr ein Teilchen unter einer Milliarde entging dieser Auslöschung, was zur Ausbildung der grundlegenden „Bausteine" des Universums, zu Photonen, Neutronen, Quarks und Elektronen, führte. Nur wenige Minuten nach seiner Geburt kühlte das Universum genügend ab, um diesen Partikeln eine Interaktion zu erlauben und zuerst Wasserstoff und dann schwerere Elemente zu bilden.

In den folgenden 9 Milliarden Jahren entstanden komplexere Atome und Moleküle, bis sich vor etwa 5 Milliarden Jahren riesige Teilchenwolken zu Sternensystemen zusammenballten. Unsere Sonne, die ein etwa durchschnittlich großer Stern ist, ist nur eines unter etwa 200 Milliarden „Atomkraftwerken" in der Galaxie der Milchstraße. Unser nächster galaktischer Nachbar ist die Andromeda-Galaxie, die ungefähr 300 Milliarden Sterne enthält. Unsere globale Nachbarschaft, zu der 30 Milchstraßen zählen, bildet eine „Ortsgruppe", die ein winziger Bestandteil der „örtlichen Supergruppe" ist, zu der ungefähr 6.000 Galaxien gehören. Wenn sich in Ihrem Geiste jetzt alles dreht, dann haben Sie gut mitgelesen und aufgepasst.

Zurück zur Erde: Es brauchte etwa 1 Milliarde Jahre, bevor in den Urmeeren die ersten Lebensformen in Gestalt von Einzellern entstanden. Schwämme bildeten sich vor rund 600 Millionen Jahren; Insekten tauchten vor 450 Millionen Jahren auf; eierlegende Reptilien krochen vor 300 Millionen

Jahren an Land. Säugetiere übernahmen das Zepter vor etwa 65 Millionen Jahren.

Vor vielleicht 3 Millionen Jahren stellten sich die ersten menschenähnlichen Lebewesen in Afrika auf zwei Beine. Vor rund 200.000 Jahren begannen Individuen, die man als Menschen bezeichnen könnte, den Weg ihrer technologischen Entwicklung. Unsere menschlichen Gene reichen ungefähr 8.000 Generationen zurück.

Das DNS, das sich miteinander verband, um Sie zu bilden, entstand aufgrund der Verschmelzung eines von 300.000 Eiern Ihrer Mutter mit einem von fast einer halben Milliarde Spermien, die von Ihrem Vater während eines einzigen Akts der Liebe freigesetzt wurden. Vor Ihrer Empfängnis und seither hat es eine unzählbar große Menge an Ereignissen gegeben, damit Sie den jetzigen Augenblick erreichen! Wenn Sie sich dem widersetzen, was in diesem Moment passiert, dann widersetzen Sie sich dem gesamten Lebensfluss. Ich möchte Sie dazu ermuntern, richtiggehend zu üben, diesen und jeden Augenblick anzunehmen – denn wenn Sie sich überlegen, welcher Kraft Sie sich widersetzen würden, nämlich dem gesamten Universum vom Anbeginn der Zeit, ist Widerstand aller Voraussicht nach nicht sehr erfolgreich.

Das Jetzt akzeptieren

Vor einigen Jahren hatte ich einen indischen Freund, der ein *Sannyasin* oder Mönch war. Wir nannten ihn Swamaji. Er reiste rund um den Globus und blieb jeweils für ein paar Tage oder Wochen bei Menschen, die durch seine Weisheit, sein Mitgefühl und seine Leichtigkeit inspiriert wurden.

Eines Tages erhielt ich ein R-Gespräch von Swamaji, der in der Herzabteilung der Columbia University Medical School in New York City lag. Im Alter von nur zweiundvierzig Jahren hatte er plötzlich Brustschmerzen, wurde in die Notaufnahme gebracht und musste sich innerhalb weniger Stunden einer koronaren Bypass-Operation unterziehen. Ich war schockiert, von seiner Lage zu hören, da er keinen der üblichen Risikofaktoren für Herzprobleme in jüngeren Jahren hatte. Er hatte nie geraucht, war Vegetarier, hatte reichlich Bewegung, weil er überall zu Fuß hin ging, und er verlor nie seinen fröhlichen Blick auf das Leben.

Auch als er vom Krankenhausbett mit mir telefonierte, hatte ihn seine Fröhlichkeit keineswegs verlassen. Ich war anscheinend mehr in Sorge über seinen Zustand als er selbst. Als ich ihn fragte, warum er so glücklich klang, antwortete er mit seinem süßen, melodiösen indischen Akzent: „Mir geht es besser als je zuvor. Der Arzt ist sehr bedacht. Die Schwestern sind so nett, sie baden mich sogar. Ich bekomme mehrmals am Tag etwas zu essen, und ich kann mich mit Medizinstudenten unterhalten, die an meinem Leben interessiert zu sein scheinen." Ich hatte immer noch Mühe zu verstehen, warum er sich angesichts seines ernsten Zustands keine Sorgen um seine Gesundheit machte.

Er erzählte mir: „Ich war bei einer reichen Familie auf Long Island, deren Kinder auf Coney Island mit der Achterbahn fahren wollten. Vor ein paar Wochen fuhren wir im Mercedes der Familie dorthin. Ich fand es besonders amüsant, dass wir mit einem Auto zum Vergnügungspark fuhren, das für seine bequeme Federung bekannt war, nur um dort eine besonders wilde Fahrt mit der Achterbahn zu erleben. Mir wurde klar, dass die Menschen gern Achterbahn fahren, obwohl sie dabei gefährlich schnell auf und ab rasen und wild durchgeschüttelt werden, weil sie wissen, dass sie letztlich doch sicher sind. Genau so führe ich mein Leben. Ich bin in meinem Innern tief mit einem Ort der Göttlichkeit verbunden, der keinen Anfang und kein Ende kennt. Ganz gleich was geschieht, ich weiß, dass ich sicher bin, weil mein wahres Ich nicht an Zeit und Raum gebunden ist. Das wahre Ich ist in dieser Welt, aber nicht von dieser Welt. Deshalb habe ich mich dazu entschieden, mich im Leben zu entspannen und die Fahrt zu genießen."

Dass wir das Leben so annehmen, wie es sich eben entwickelt, heißt nicht, dass wir aufhören zu wünschen, dass es anders wäre. Wir würden gar nichts unternehmen und schaffen, wenn wir unsere Bedürfnisse, Ziele und Absichten aufgäben. Spiritualität bedeutet nicht, dass wir inaktiv wären. Spirituell orientierte Menschen sind sehr aktiv. Denken Sie an Buddha, Mahatma Gandhi, Martin Luther King oder Mutter Teresa. Auf der Grundlage ihrer tiefen Verbindung mit dem Heiligen arbeiteten sie unermüdlich, um die Welt besser zu machen.

Akzeptanz bedeutet, sich auf die Gegenwart zu konzentrieren und die Alternativen zu prüfen, die sich jetzt gerade bieten. Falls es mehrere Möglichkeiten gibt, entscheiden Sie sich für das, was die besten Entwicklungsergebnisse verspricht. Wenn nur eine Entscheidung offen steht, dann treffen Sie diese. Wenn es keine Wahlmöglichkeiten zu geben scheint, dann entspannen Sie sich und akzeptieren Sie die Tatsache, dass Sie im Moment gar nichts unternehmen können.

Den Körper spüren

Vor mehr als dreißig Jahren nahm ich an einem Meditationstraining mit Maharishi Mahesh Yogi teil. In den 60er Jahren war er einer der ersten Lehrer aus Indien, der im Westen populär und als „der Guru der Beatles" bekannt wurde. Während der ausgedehnten Meditationssitzungen hatten die Teilnehmer oft dramatische emotionale Erfahrungen. Manche spürten, dass sie ein intensives traumatisches Geschehen aus der Kindheit wiedererlebten; andere spürten extreme Stimmungsschwankungen, die durch anscheinend völlig unwichtige Umstände hervorgerufen wurden.

Die Schüler beschrieben Maharishi ihre Erfahrungen häufig in allen Einzelheiten. Er hörte sich geduldig ihre Geschichten an, bis sie fertig waren. Dann hielt er inne und erweckte den Eindruck, dass er nun eine tiefe Einsicht offenbaren würde, um ihre Verwirrung und Besorgnis aufzulösen. Stattdessen antwortete er jedoch meistens auf ganz unkomplizierte Weise. Er sagte einfach: „Spüre den Körper."

Den Körper zu spüren bedeutet, dass Sie Ihre Aufmerksamkeit auf die physischen Empfindungen richten, die er erzeugt, und dass Sie ohne Widerstand hinspüren und hinhören. Dies zählt zu den wirkungsvollsten Methoden, um das Bewusstsein in den gegenwärtigen Augenblick zu bringen, in das Hier und Jetzt. Der Körper wohnt in der Gegenwart. Der Verstand lebt in der Vergangenheit und der Zukunft. Wenn Sie Ihre Aufmerksamkeit auf Ihren Körper lenken, beruhigt sich Ihr wertender Verstand, und Ihr stiller innerer Beobachter wird mehr Möglichkeiten haben, eine Rolle zu spielen.

Widerstand gegen Schmerzen intensiviert das Unwohlsein oft noch. Ob wir als Kinder geimpft werden oder als Erwachsene eine Zahnwurzelbehandlung durchmachen: Angst und Spannung rund um ein Geschehen werden unseren Stress nur noch verstärken und vertiefen. Wenn es keine Aktion gibt, die wir unternehmen können, um den Schmerz zu vermeiden, dann ist der beste Weg, um diese Erfahrung rasch hinter sich zu bringen, sich in sie hinein zu entspannen, in den Augenblick hineinzuspüren.

Das unschöne Jetzt, die mögliche Zukunft

Es ist nicht immer leicht, den gegenwärtigen Augenblick so anzunehmen, wie er ist. Es fällt leichter zu lernen, die Empfindungen Ihres Körpers zu erspüren und auf deren Botschaften zu hören. Dieser Vorgang vermindert den Stress und hilft Ihnen schließlich, von der Erfahrung sogar zu profitieren. Der folgende Prozess ist sehr wirkungsvoll und nützlich, um unangenehme Gefühle zu verarbeiten.

1. Akzeptieren Sie die Gegenwart
Stimmen Sie sich auf Ihre Umgebung und Ihren Körper ein. Fangen Sie damit an, indem Sie die Töne und Geräusche um sich bewusst wahrnehmen. Bemerken Sie die Autos, die auf der Straße vorbei fahren, die Geräusche von Baumaschinen oder Küchengeräten, den Klang Ihres eigenen Atems. Spüren Sie bewusst, welche Empfindungen in Ihrem Körper vorhanden sind: das Gefühl des Stuhls unter Ihrem Gesäß, die Schuhe an Ihren Füßen, der Kragen um Ihren Hals. Richten Sie Ihre Aufmerksamkeit auf den Strom der Luft durch Ihre Nasenlöcher, bemerken Sie den feinen Geruch Ihrer Umgebung und Ihres eigenen Körpers. Fahren Sie damit fort, das Ein- und Ausströmen Ihres Atems zu beobachten und lassen Sie sich mit seiner Hilfe in diesen Augenblick bringen.

2. Akzeptieren Sie die Signale Ihres Körpers
Machen Sie sich die Empfindungen in Ihrem Körper bewusst: Leere im Bauch, Druck am Herzen, Beklemmung im Hals und so weiter. Obwohl es vielleicht keine angenehmen Empfindungen sind, fühlen Sie sie ohne Widerstand. Wenn Trauer auftaucht, erlauben Sie sich, auch diese spüren. Wenn Wut hochkommt, lassen Sie zu, dass sie durch Ihren Körper geht, und lassen Sie sie dann mit Ihrer Ausatmung los.

3. Akzeptieren Sie Verantwortung

Sicher kommt es immer wieder einmal vor, dass Dinge geschehen, über die wir anscheinend keine Kontrolle besitzen. Aber die meisten unserer täglichen Ereignisse und Bemühungen sind die Folgen von Entscheidungen, die wir getroffen haben. Wenn wir bereit sind, unseren persönlichen Anteil an den Herausforderungen anzuerkennen, mit denen wir es täglich zu tun haben, so hilft uns dies zu erkennen, dass wir andere Entscheidungen treffen können, die zu neuen Möglichkeiten führen. Können Sie irgendeine Verantwortung erkennen, die Sie selbst für die Situation tragen, in der Sie sich befinden?

4. Akzeptieren Sie Veränderung

Menschen haben einen freien Willen, obwohl sie ihn nicht sehr oft gebrauchen. Zeiten des Umbruchs sind schwierige Perioden, aber sie bieten auch wesentliche Chancen, Gewohnheiten zu ändern, die nicht mehr nützlich sind. Die Frage lautet: „Was kann ich *jetzt* anders machen?“

5. Entscheiden Sie sich und bleiben Sie dabei

Bis zu einem bestimmten Grad ist es durchaus sinnvoll, Muster zu analysieren, die Stress verursachen. Manche Menschen verbringen jedoch Jahre in Therapien, um zu lernen, warum sie fortwährend ungesunde Entscheidungen treffen. Zu analysieren, zu deuten und zu rationalisieren – all das kann selbst zu einer Gewohnheit werden. Die Veränderung, die wir anstreben, ergibt sich aus neuen, *verbindlichen Entscheidungen*, die wir bereit sind zu treffen.

Bereit sein für Transformation

Denken Sie an früher zurück, als Sie einmal einen Verlust erfahren haben. Dabei kann es um das Ende einer Beziehung gegangen sein, um die Kündigung einer Arbeitsstelle oder um den Verlust von Geld bei einer Investition. Dann betrachten Sie Ihr heutiges Leben. Vermutlich werden Sie feststellen, dass – so schlimm die Erfahrung damals auch gewesen ist – sich dadurch doch ganz neue Möglichkeiten ergeben haben. Wäre der Verlust nicht gewesen, wären die Liebe oder Fülle, die Sie später erlebt haben, nicht möglich gewesen.

Laurens Job als führende Managerin in einer Investmentgesellschaft wurde von heute auf morgen gestrichen, als die Firma sich völlig unerwartet stark verkleinerte. Sie war wütend, fühlte sich verunsichert, hatte Zukunftsängste und erlebte in den folgenden Monaten ziemliche Depressionen. Als sie längere Zeit keine ähnliche Position fand, entschloss sie sich, für eine kleinere Firma zu arbeiten, in der sie erst einmal ihren eigenen Klientenstamm aufbauen musste. Zwei Jahre später ist sie glücklicher als je zuvor. Sie genießt, dass sie ihr eigenes Leben mehr bestimmen kann und dass sie erfüllende Beziehungen mit ihren Kollegen und Kunden entwickeln konnte. Sie verdient fast so viel Geld wie vorher, aber nun ohne den Druck, Produkte verkaufen zu müssen, von denen sie nicht glaubt, dass diese Interessen ihrer Klienten wirklich entsprechen.

Vielleicht waren Sie in einer intensiven Beziehung und glaubten, dass sie heiraten würden. Dann haben Sie entdeckt, dass Ihr Partner untreu war. Von Kummer, Wut und Enttäuschung überwältigt, haben Sie sich gefragt, wie Sie diesen Verlust je verwinden sollten. Ein Jahr später sind Sie einem Menschen begegnet, mit dem Sie physisch, emotional, intellektuell und spirituell auf einer Wellenlänge sind, und drei Jahre danach sind Sie mit Ihrem besten Gefährten, den es geben könnte, verheiratet. Zufällig erfahren Sie, dass Ihr untreuer Ex inzwischen geheiratet hatte und schon wieder geschieden ist.

Häufig ist es einfacher, in der Rückschau zu erkennen, dass Akzeptanz statt Widerstand die beste Einstellung zum Leben ist. Es lohnt sich, die innere Haltung des „Dein Wille geschehe" zu praktizieren.

Selbstverständlich gibt es auch Zeiten, in denen es so aussieht, als ob überhaupt nichts Gutes aus einem Verlust entstehen kann. Der Tod eines Kindes oder eines geliebten Menschen, ein schlimmer Unfall oder Naturkatastrophen sind einige Beispiele, wodurch wir in unserem innersten Kern herausgefordert werden, nach dem Sinn auch in solchen Unglücken zu suchen. Es gibt keine einfachen Antworten oder Patentrezepte für derartige herzzerreißende Ereignisse, die das Leben von Grund auf verändern. Und doch müssen wir Sinn finden oder erzeugen, um weiterleben zu können. Ich treffe in unserem Zentrum jeden Tag Menschen, die Leid und Not in Lebenssinn transformieren. Da gibt es Eltern, die ihr Kind aufgrund eines genetischen Defekts verlieren und nun eine Selbsthilfegruppe für andere Menschen gründen, die das Gleiche erlitten haben. Es gibt Überlebende von Naturkatastrophen, die sich entschließen, anderen Opfern zu helfen, ihr Leben wieder aufzubauen. Der nächste Schritt im Leben wird uns nie in unseren früheren Zustand und in die frühere Zeit zurück bringen, aber ich möchte Ihnen Mut zusprechen, dass auch Sie in der Asche Ihrer Verluste nach den Samen der Wiedergeburt suchen und diese pflegen. Dazu gibt es keine andere sinnvolle und lebensbejahende Alternative.

Die Veränderung wollen

Während eines schweren Sturms trat ein Fluss über seine Ufer. Die Gemeindevertreter riefen die Bewohner des Ortes am Fluss auf, freiwillig ihre Häuser zu verlassen. Zwei Männer fuhren in einem Kleinlaster am Ortsrand vorbei, wo Sam Smith auf der Veranda saß.

„Sam, mach zu! Die Flut kommt. Steig ein, wir nehmen dich mit“, riefen die Männer.

„Ich bleibe hier,“ antwortete Sam. „Ich glaube an Gott, und Er wird mich schon nicht verkommen lassen.“

„Wie du meinst, aber du gehst ein großes Risiko ein,“ meinten die beiden.

Das Wasser stieg weiter. Zwei Männer in einem Motorboot kamen an Sams Haus vorbei, der mittlerweile oben auf dem Dach saß, weil die Flut so hoch gestiegen war.

„Sam, was machst du denn da? Die Flut steigt weiter an, wir bringen dich in Sicherheit. Es ist gefährlich hier!“

„Ich gehe nicht von hier fort, Ich setze mein ganzes Vertrauen in Gott. Er wird mich nicht hängen lassen,“ antwortete Sam.

Die Männer im Boot schüttelten nur ihre Köpfe und fuhren weiter zum nächsten Haus. Zwei Männer im Hubschrauber flogen über Sams Haus. Er stand inzwischen auf seinem Schornstein und das Wasser reichte ihm bis zu den Knien.

„Sam, das ist deine letzte Chance. Es gibt sonst keine Möglichkeit mehr, hier rauszukommen. Wir können dich mit dem Hubschrauber retten,“ redeten die Männer auf Sam ein.

„Ich gehe nirgendwo hin, ich glaube an Gott und Er wird mich nicht im Stich lassen,“ beharrte Sam.

Ein paar Minuten später wurde Sam von den weiter steigenden Fluten vom Schornstein weggerissen und ertrank.

Da er im Grunde ein ehrlicher Mensch gewesen war, stand er nun an der Himmelstür und war von selbstgerechter Entrüstung erfüllt. Er verlangte eine Audienz bei Gott. „Ich kann es noch immer nicht glauben, dass Du mich hast ertrinken lassen," bellte Sam. „Ich habe mein ganzes Vertrauen in Dich gesetzt und Du hast mich im Stich gelassen."

Gott antwortete: „Sam, ich habe dich nicht im Stich gelassen. Erst habe ich dir zwei Leute mit einem Kleinlastwagen geschickt, dann zwei Männer in einem Boot und schließlich sogar einen Hubschrauber. Was kann ich dafür, wenn du so stur bist, dass du meine Hilfe zwar willst, aber nur auf eine Weise, wie du sie dir vorstellst?"

Wenn Sie in Ihrer gegenwärtigen Situation Anzeichen von Unbehagen verspüren, nehmen Sie diese Informationen ernst und nutzen Sie sie, um positive Veränderungen durchzuführen. Die Gegenwart ganz anzunehmen bedeutet nicht, dass Sie einfach irgendwelche Umstände „ausbaden", die Sie sehr wohl verändern und verbessern könnten. Die Freiheit, kreativ zu reagieren, stellt eine göttliche Gabe dar. Benutzen Sie diese Gabe!

Mit der Vergangenheit abschließen

Wir sind die Summe aller Entscheidungen, die wir getroffen haben. Trotz unserer besten Absichten haben wir manchmal Entscheidungen getroffen, die in der Rückschau falsch aussehen. Wir haben uns vielleicht auf Beziehungen eingelassen oder bei geschäftlichen Unternehmungen mitgemacht, die unvorhersehbares Leid erzeugt haben. Wenn wir Verletzungen, Frustration, Feindseligkeit, Ablehnung oder Bedauern mit uns herum tragen, dann zieht uns das in die Vergangenheit zurück und schränkt unsere Fähigkeit ein, die Gegenwart zu genießen. Wenn Sie beim letzten

Familientreffen einen heftigen und verletzenden Streit mit Ihrem Bruder oder Ihrer Schwester hatten, werden Sie voller Sorge oder Widerwillen auf das nächste Treffen warten. Die nicht vollständig abgeschlossene Vergangenheit vergiftet die Gegenwart.

Nehmen Sie sich jeden Abend etwas Zeit, um das folgende Ritual zu üben, das Ihnen den Tag ins Gedächtnis ruft, damit Sie nicht unnötig Leid von einem Tag in den nächsten hineintragen.

Bevor Sie schlafen gehen, setzen Sie sich im Bett hin, schließen die Augen und beobachten einfach das Einfließen und Ausfließen Ihres Atmens – etwa fünf Minuten lang, um Ihr Bewusstsein zu beruhigen. Anschließend betrachten Sie das Innere Ihres Körpers. Richten Sie Ihr Bewusstsein nacheinander auf Unterbauch, Magen, Herz und Kehle. Stellen Sie fest, ob es dort irgendwelche Empfindungen gibt, die auch jetzt am Abend noch zu spüren sind. Nutzen Sie diese Gefühle, um sich jene Erlebnisse des Tages bewusst zu machen, die noch nicht richtig abgeschlossen sind.

Nachdem Sie festgestellt haben, welche Erfahrung während des Tages das Gefühl erzeugt, das immer noch an Ihnen „klebt" – überlegen Sie, was es noch zu tun gäbe, um das Thema abzuschließen. Vielleicht bemerken Sie eine Spannung im Unterbauch. Sie stellen fest, dass eine Auseinandersetzung zwischen Ihnen und einer Kollegin Sie immer noch ärgert, in der die andere Person sich abschätzig über ein Mitglied Ihrer Abteilung geäußert hat. Stellen Sie sich die Frage: „Was muss ich tun, um das Problem aufzulösen?" Unter Umständen finden Sie heraus, dass Sie sich unbehaglich fühlen, weil Sie die kritisierte Person nicht gleich in Schutz genommen haben. Entscheiden Sie sich dafür, gleich morgen früh mit Ihrer Kollegin zu sprechen, um ihr Ihre Ansicht ganz aufrichtig mitzuteilen.

Manchmal müssen Sie, um das Problem aufzulösen, Verantwortung für etwas übernehmen oder sich entschuldigen. In anderen Situationen dreht es sich vielleicht nur darum, ganz ehrlich seine Meinung zu sagen oder seine Gefühle auch richtig zum Ausdruck zu bringen. Sie werden die Antwort auf die Frage „Was muss ich tun, um das Problem aufzulösen?“ finden, wenn Sie Ihre innere Unruhe besänftigen und Ihren inneren Geist um Führung bitten.

Sich selbst annehmen

Dieser Planet ist eine Schule für die Evolution der Seele. Wenn wir schon alles wüssten, dann gäbe es keinen Grund mehr, hier in die Schule zu gehen. Machen Sie sich selbst keine Vorwürfe, weil Sie früher einmal Entscheidungen getroffen haben, die damals eben genau richtig schienen, in der Rückschau jedoch unglaublich falsch. Scheinbar irrtümlich getroffene Entscheidungen bieten häufig die besten Lektionen und öffnen Sie für mehr Demut und Mitgefühl. Erinnern wir uns daran, dass jeder jederzeit sein Bestes tut, auf der Grundlage seiner derzeitigen Bewusstseinsentwicklung. Das bedeutet, dass Sie Ihr Bestes tun, auch wenn die Folgen Ihrer Entscheidungen nicht Ihren Erwartungen entsprechen. Akzeptieren Sie sich selbst und bestärken Sie sich und Ihren Selbstwert, indem Sie sich dafür entscheiden, aus Ihren Erfahrungen zu lernen. Dann achten und bestätigen Sie Ihre verbindlichen Entscheidungen, welche die Weisheit demonstrieren, die Sie aus Ihren teuren und wertvollen Erfahrungen gelernt haben.

Ich demonstriere meine Entscheidung für Akzeptanz, indem ich:

1. auf meinen Körper höre und feststelle, wo ich einen Widerstand spüre;

2. ganz bewusst die Alternativen wahrnehme, die sich mir bieten;
3. mich regelmäßig daran erinnere, dass jeder von seiner Warte aus betrachtet sein Bestes tut.

Die Vierte Entscheidung

Ich entscheide mich für Entspannung

Gedenke des Sabbattages, dass du ihn heilig hältst.
– Exodus 20:8

Setz dich jetzt einfach hin.
Tu nichts.
Ruhe einfach aus.
Denn deine Trennung von Gott
ist die schwierigste Arbeit in dieser Welt.
– Hafiz

Atmen Sie tief durch. Entspannen Sie sich. Lassen Sie sich ganz auf den jetzigen Augenblick ein. Unsere Atmung, ohne die es kein Leben gäbe, erinnert uns immer daran, dass die Natur zwischen den Polen Entspannung und Aktion schwingt. Sie atmen ein, dann pausieren Sie; Sie atmen aus, dann halten Sie inne. So verläuft Ihr Leben von der Geburt bis zum letzten Atemzug.

Ihr Herz zieht sich vom 22. Tag nach der Empfängnis an zusammen und entspannt sich wieder, und auch das wiederholt sich ein Leben lang. Ihre Verdauungsorgane, vom Magen bis zum Darm, wechseln ständig zwischen Zusammenziehen und Entspannung hin und her, mit den sogenannten peristaltischen Bewegungen, durch welche die Nahrung von der Aufnahme bis zur Ausscheidung durch den Verdauungstrakt fortbewegt wird. Wo Sie in Ihrem Körper auch hinsehen, werden Sie feststellen, dass sich der Rhythmus des Lebens als Ebbe und Flut, als Anspannung und Entspannung, als Aktivität und Ruhe ausdrückt.

Das Universum funktioniert in Zyklen und Rhythmen. Die Erde dreht sich mit rund 1600 Stundenkilometern um ihre eigene Achse, während sie sich sechzig Mal schneller um die Sonne dreht. Der Mond tanzt alle 28 Tage einmal um die Erde, während er sich in derselben Zeit auch einmal um sich selbst dreht. Unsere Sonne mit ihrem gesamten Sonnensystem (zu dem auch die Erde gehört), umkreist in 220 Millionen Jahren einmal das Zentrum der Milchstraße. Das heißt, dass wir Menschen erst seit 1/1000 der galaktischen

Umkreisung des Sonnensystems rund um das galaktische Zentrum mitreisen.

Das Leben bringt einen inneren Rhythmus zum Ausdruck. Ruhe und Tätigkeit sind wesentliche Bausteine der Evolution. So liegt ein Schlüssel zu Gesundheit und Glück darin, dass wir den Rhythmus der Zeit achten.

Die Biologie der Zeit

Sowohl einzellige Amöben als auch Menschen, die aus Trillionen von Zellen bestehen, werden im Tanz des Lebens durch den Wechsel von Spielphasen und Pausenzeiten bestimmt. Die wissenschaftliche Erforschung dieser rhythmischen Muster heißt Chronobiologie. *Chrono* kommt aus dem griechischen Wort *chronos*, welches Zeit bedeutet; *bio* ist das griechische Wort für Leben. Chronobiologie ist also das Studium von Zeitabläufen und Zeitrhythmen in Lebewesen. Die zentrale Entdeckung dieser neuen wissenschaftlichen Disziplin ist, dass Lebewesen innere Uhren besitzen. Diese natürlichen Zeitnehmer in allen Lebewesen schwingen entsprechend innerer Rhythmen, die sich über Millionen von Jahren der Evolution entwickelt haben.

Im 18. Jahrhundert beobachtete der französische Astronom Jean Jacques de Mairan, dass sich die Blätter von Mimosen zu vorher bestimmbaren Zeiten öffneten und schlossen. Er vermutete, dass sie auf das Sonnenlicht reagierten, untersuchte jedoch das Verhalten einiger Mimosen auch bei totaler Dunkelheit. Zu seiner Überraschung stellte er fest, dass sie weiterhin kontinuierlich ihre Blätter zu bestimmten Zeiten öffneten und schlossen, als ob sie eine innere Zeitschaltuhr hätten.

Auch Tiere leben nach der Taktzahl verborgener Trommler. Die inneren Uhren von Zugvögeln und Monarch-Schmetterlingen senden ihre Signale, dass es Zeit ist, sich auf den Weg zu machen, mit beachtlicher Regelmäßigkeit und Genauigkeit aus. Die Besuche von Bienen auf pollenbeladenen Blumenwiesen sind zeitlich genauer abgestimmt als unsere Postauslieferung. Murmeltiere kommen im frühen Februar aus ihrem Winterschlaf heraus, genau zwischen der Wintersonnenwende und der Frühlings-Tagundnachtgleiche. Von den Fruchtbarkeitszyklen von Insekten bis hin zu den Schlaf- und Wachmustern von Nagetieren – überall gibt es innere biologische Uhren, welche die Lebenszeiten bestimmen.

Rhythmen des Tages

Die wichtigste Uhr Ihres Körpers bemisst den 24-Stunden-Tag. Der Pulsschlag der Hormone, der Anstieg und Abfall von Magensäureproduktion, die Gipfel und Täler Ihrer Körpertemperatur und die Fluktuationen im Blutdruck folgen alle einem Zyklus, der mit dem Sonnenlauf, mit Aufgehen und Untergehen der Sonne, zu tun hat.

Jede physiologische Funktion kennt einen Höhepunkt ihrer Aktivität. Zwischen Mitternacht und sechs Uhr morgens gibt es einen Anstieg der Ausschüttung von Wachstumshormonen, von Melatonin und Prolaktin, die wichtig für die Verjüngung und die Heilung von Zellen sind sowie für die Stärkung des Immunsystems. Zwischen sechs Uhr morgens und der Mittagszeit steigen Ihr Blutdruck und Ihr Herzschlag an, während gleichzeitig die Hormone Adrenalin, Renin und Angiotensin vermehrt ausgeschüttet werden. Zwischen der Mittagszeit und sechs Uhr am Abend steigt die Zahl Ihrer roten Blutkörperchen auf ein Maximum an. Währenddessen erreichen auch das Insulinniveau und die Atemfähigkeit ihren Höhepunkt.

Der Cholesterinstand und der Harnfluss erreichen ihre höchsten Werte zwischen sechs und zehn Uhr abends, während die Magensäureproduktion um Mitternacht herum am stärksten ist.

Diese Zeitmuster haben sich zwar im Zusammenhang mit dem Auf- und Untergang der Sonne entwickelt, dennoch hat Ihr Körper diese Rhythmen innerlich so gespeichert, dass diese physiologischen Vorgänge auch dann so ablaufen, wenn Sie die äußerlich normalerweise sichtbaren Anzeichen von Tag und Nacht gar nicht wahrnehmen können. Die Forschung hat ergeben, dass es Zeitzellen in einem Bereich des Gehirns gibt, den man Hypothalamus nennt, die sowohl Ihr Hormonsystem als auch das autonome Nervensystem steuern. Beide sind eng mit der Zirbeldrüse verbunden, die das Hormon Melatonin erzeugt und ausschüttet, das für die Regulierung von Schlafen und Wachen wichtig ist.

Die Mehrheit der Gesundheitsbeschwerden folgt ebenfalls einem bestimmten Zeitmuster. Arthritisschmerzen und Melancholie oder Depression sind um sechs Uhr morgens am ausgeprägtesten. Herzanfälle passieren am häufigsten um neun Uhr früh, weil die Menschen dann mit ihrer Arbeit beginnen. Spannungskopfschmerzen treten oft gegen vier Uhr nachmittags auf, während Migränekopfschmerzen meistens um vier Uhr früh beginnen. Gichtanfälle schlagen häufig gegen Mitternacht zu; Magengeschwüre und Gallenblasenschmerzen warten bis zwei Uhr morgens. Selbst Krankheiten, die Leiden mit sich bringen, können den Rhythmen der Natur nicht entkommen.

Vitalität und Enthusiasmus sind die Früchte eines Lebens in Harmonie mit den Rhythmen der Natur. Seien Sie dynamisch und unternehmungslustig und nehmen Sie sich auch immer wieder Zeit, um sich zu entspannen. Das ist der Schlüssel zu einem erfolgreichen Leben.

Ein optimaler Tagesablauf

Man hat in ägyptischen Ausgrabungsstätten einfache Lampen gefunden, in denen Olivenöl, Rhizinusöl oder Fischöl verbrannt wurde. Das beweist, dass die Menschen schon seit Tausenden von Jahren versucht haben, ihre aktiven Stunden über den Sonnenuntergang hinaus auszudehnen. Im frühen 19. Jahrhundert verbreiteten sich Gaslampen weithin, wofür der Beruf der Lichtanzünder geschaffen werden musste, damit die Straßenlaternen abends angezündet und morgens wieder gelöscht werden konnten. Erst im späten 19. Jahrhundert demonstrierte Thomas Alva Edison den praktischen Sinn einer Glühbirne, die es den Menschen erlaubte, die ganze Nacht aufzubleiben, wenn sie dies wünschten.

Manche Forscher meinen, dass Menschen in Gruppen unterteilt werden können, je nachdem, wie ihre innere Uhr gestellt ist. So soll es „Morgenlerchen“ und „Nachteulen“ geben. Bei einer Untersuchung an Studenten, die in Morgen- und Abendtypen unterteilt wurden, stellte man Folgendes fest: Wer früher ins Bett ging und früher aufstand, hatte nachts einen besseren, ungestörteren Schlaf, brauchte tagsüber weniger Ruhezeiten und berichtete von weniger Gesundheitsbeschwerden als jene Studenten, die nachts lange aufblieben und am nächsten Morgen lange schliefen.

Aus der Sicht des Ayurveda stimmte Benjamin Franklins Maxime für Gesundheit, Wohlstand und Weisheit, nämlich „früh ins Bett und früh aufstehen“, ganz genau. Passen Sie Ihren Alltag an die Rhythmen Ihrer Umwelt an, um mentale Klarheit, emotionale Stabilität und physische Vitalität wiederzugewinnen und aufrecht zu erhalten.

Morgen

6:00 Mit dem Sonnenaufgang aufwachen. Lassen Sie Ihre Vorhänge oder Jalousien über Nacht teilweise offen. Vermeiden Sie, wenn möglich, Ihren Tag mit dem Schock eines Weckers zu beginnen.

6:05 Gehen Sie auf die Toilette. Trinken Sie ein Glas warmes Wasser, um Ihre Verdauung anzuregen.

6:10 Machen Sie Ihre Morgenwäsche (duschen, Zähne putzen, Zunge säubern)

6:30 Legen Sie einige Minuten Stretching ein.

6:45 Meditieren Sie oder entspannen Sie sich zehn bis zwanzig Minuten lang.

7:15 Sorgen Sie für Bewegung (laufen, Yoga, Gymnastik).

7:45 Frühstücken Sie, falls Sie hungrig sind.

Mittags essen Sie zu Mittag; gehen Sie danach spazieren.

Nachmittag und Abend

17:00 Meditieren Sie oder entspannen Sie sich zehn bis zwanzig Minuten lang.

18:00 Essen Sie zu Abend; gehen Sie danach spazieren.

19:00 Achten Sie darauf, am Abend schöne, leichte und erfreuliche Aktivitäten zu erleben.

22:00 Gehen Sie zu Bett und löschen Sie das Licht.

Meditieren: den Geist beruhigen, den Körper entspannen

Stille ist in der modernen Welt sehr selten geworden. Wo Sie jetzt auch gerade sein mögen: Schließen Sie bitte die Augen und lauschen Sie auf die Geräusche um sich herum. Wenn Sie einige Minuten lang zuhören, werden Sie vermutlich eine ziemliche Menge an Hintergrundgeräuschen wahrnehmen, wie zum Beispiele Menschen, die sich unterhalten,

Verkehr, bellende Hunde oder Haushaltsgeräte bzw. Baumaschinen, die summen und brummen. Unser modernes Leben ist voll von Geräuschen.

Selbst wenn Sie sich jetzt an einem sehr ruhigen Ort befinden, werden Sie feststellen, dass Geräusche die Stille stören. Es gibt in Ihrem Bewusstsein Klänge aufgrund des konstanten inneren Dialogs. Der Geist erzeugt Gedanken, die unseren Frieden stören können, egal ob Ihre Nachbarn eine laute Party feiern oder nicht.

Wenn Sie Ihren Geist zur Ruhe bringen, verschafft Ihnen das die Gelegenheit, Ihre Ausrichtung zu verändern. Sonst werden Sie immer entlang der gleichen Leitlinien denken und sich immer nach denselben vorgeprägten Mustern verhalten. Nehmen wir an, Sie sehen auf der Fahrt zur Arbeit ein Plakat von einem Unternehmen, für das Sie früher einmal gearbeitet haben. Das löst Erinnerungen an Ihren früheren Chef aus. Sie denken daran, wie frustriert Sie damals waren. Das führt zu einem unangenehmen Gefühl in der Magengrube. Diese Kaskade von Gedanken und Gefühlen in Geist und Körper gewinnt ein Eigenleben und stört Ihren Seelenfrieden. Lernen Sie, wie Sie Ihren innerlichen „Gedankenverkehr" anhalten können, um diesen Teufelskreis zu durchbrechen.

Meditation ist eine Technik, um Stille zu erlangen. Vor und nach jeder Gedankenwelle ist das Meer des Bewusstseins still. Die meiste Zeit tauchen Gedanken so rasend schnell und machtvoll auf, dass wir die tiefe Stille, aus der die Aktivität des Geistes auftaucht, noch nicht einmal bemerken. Als Folge der mentalen Bewegungen wird Ihr Geist von Sorgen und Ängsten erfüllt und Ihr Körper aufgewühlt.

Es gibt viele unterschiedliche Meditationsmethoden, die ein Tor zu einem stillen Geist öffnen können. Chanten, Musik hören, freie Tanzformen, Meereswellen beobachten, wie sie gegen das Ufer schlagen oder dem Klang eines fließenden Stroms lauschen – all das kann das „Geschnatter" eines aktiven Verstandes vorübergehend beruhigen und Ihnen eine Ahnung vom stillen Raum zwischen den Gedanken vermitteln.

Wenn Meditation für Sie noch ganz neu ist, schlage ich Ihnen die folgende einfache Technik vor, die mit der Atmung und einem Mantra arbeitet. Nach über dreißig Jahren als Meditationslehrer habe ich festgestellt, dass die meisten Menschen eher Meditation praktizieren und deren Nutzen erleben, wenn sie von einem qualifizierten Lehrer angeleitet werden. Wir erwarten von Kindern ja auch nicht, dass sie Schwimmen, Rad fahren oder Klavier spielen nur aus einem Buch lernen. Einige Dinge im Leben lernt man immer noch am besten direkt von einem Lehrer, und Meditation zählt dazu. Auf der Webseite des Chopra-Zentrums finden Sie eine Liste ausgebildeter Lehrer und Lehrerinnen. Hier jetzt eine einfache Meditation, die Sie auch ohne persönliche Anleitung durchführen können:

- Setzen Sie sich bequem hin, schließen Sie die Augen und beobachten Sie das Einströmen und Ausfließen Ihres Atems.
- Während Sie einatmen, sagen Sie in Gedanken das Wort „So".
- Wenn Sie ausatmen, sagen Sie im Geiste still das Wort „Ham".
- Wenn Sie feststellen, dass Ihre Aufmerksamkeit von So Ham fortgewandert ist, dann lenken Sie Ihr Bewusstsein wieder sanft auf diese Worte.
- Machen Sie das etwa zehn Minuten lang. Dann verweilen

Sie noch einige Minuten mit geschlossenen Augen und spüren einfach.

Es gibt nur wenige Erfahrungen, die während der Meditation möglich sind. Entweder bleibt Ihr Bewusstsein bei diesem Mantra. Oder Ihre Aufmerksamkeit ist auf einen Strom von Gedanken gerichtet. Oder Ihr Bewusstsein erhascht kurze Erfahrungen bzw. Ahnungen eines stillen Geistes. Wenn Ihr Körper müde ist und Sie nicht genug geschlafen haben, können Sie ruhig während der Meditation einschlafen.

Das Grundprinzip für eine wirksame Meditation besteht darin, dass Sie sich immer, wenn Sie bemerken, dass Ihre Aufmerksamkeit vom Mantra abgeglitten ist, wieder sanft, aber bewusst darauf ausrichten. Entspannung bedeutet, das Bedürfnis nach Kontrolle aufzugeben. Meditation ist eine Technik, die genau diese Fähigkeit ausbildet.

Schlaf, die Amme der Menschheit

Mindestens fünfundzwanzig Millionen Amerikaner haben gestern Nacht nicht gut geschlafen. Fast jeder zweite Mensch, der älter als 65 Jahre ist, leidet unter chronischen Schlafstörungen. Vielleicht fällt es Ihnen schwer einzuschlafen oder durchzuschlafen, oder Sie spüren einfach, dass Sie nicht tief und gut genug schlafen. Schlaf, der nicht wirklich erholsam ist, kann sich in Form von Ängsten, Depressionen, Unfällen und Arbeitsunfähigkeit äußern. Sie müssen tief und gut schlafen können, um beste Leistungen erbringen zu können.

Schlaflosigkeit wird erzeugt, wenn Ihr Bewusstsein einfach nicht loslassen will. Wenn Sie in Gedanken immer noch über irgendetwas aus der Vergangenheit nachgrübeln oder sich Sorgen um Pläne für die Zukunft machen, ist Ihr Geist ständig beschäftigt, obwohl der Körper müde ist und nach Ruhe verlangt. Ein gesunder Schlaf ist Ausdruck eines Lebens in Harmonie mit der Natur. Wenn Sie morgens früh aufstehen, zwei Mal täglich meditieren, gesunde Mahlzeiten zu vernünftigen Zeiten zu sich nehmen und regelmäßig für körperliche Bewegung sorgen, dann wird das entscheidend zu einer guten Nachtruhe beitragen. Wenn Sie trotz eines solchen gesunden Lebensstils immer noch nicht gut schlafen, dann sollten Sie vor dem Einschlafen etwas anders machen.

- Essen Sie ein leichteres Abendessen und gehen Sie danach spazieren.
- Lassen Sie sich ein warmes Bad mit einigen Tropfen Lavendelöl ein, bevor Sie zu Bett gehen.
- Massieren Sie dann Ihren Kopf und Ihre Füße mit einem guten Öl.
- Liegen Sie bis zu fünfzehn Minuten lang genüsslich im warmen Bad und hören Sie dabei schöne Musik.
- Trinken Sie ein Glas warme Milch, in die Sie ¼ Teelöffel Muskatnuss geben; oder trinken Sie eine Tasse beruhigenden Kräutertee, wie Kamille, Baldrian oder Hopfen.
- Schreiben Sie in einem Tagebuch auf, was Sie mental beschäftigt.
- Lesen Sie einige Minuten vor dem Einschlafen etwas Entspannendes.
- Wenn Sie das Licht ausschalten, schließen Sie die Augen und beobachten Ihre Atmung, bis Sie eingeschlafen sind.

Sich selbst in den Schlaf massieren

Wenn Sie Ihren Kopf und Ihre Füße massieren, kann Sie das auf einen erholsamen Schlaf einstimmen. Verwenden

Sie 1 Esslöffel angewärmtes Öl, mit dem Sie Ihre Stirn und Ihre Schläfen sanft einmassieren. Gehen Sie dann bis zu Ihren Ohren weiter und auch zu Hals und Nacken.

Mit einem zweiten Esslöffel Öl massieren Sie langsam, aber kräftig Ihre Fußsohlen. Arbeiten Sie das Öl mit den Fingerkuppen auch zwischen Ihren Zehen ein. Lassen Sie das Öl im Sitzen einige Augenblicke gut einziehen, und dann nehmen Sie den Überschuss mit einem feuchten Waschlappen fort.

Der Rhythmus der Sonne

Die Reise der Erde um die Sonne beeinflusst Ihren Geist und Ihren Körper. Da die Erdachse leicht geneigt ist, variiert die Anzahl der täglichen Sonnenstunden je nach Jahreszeit stark. Am längsten Tag, am 21. Juni, scheint in Los Angeles fünf Stunden länger die Sonne als am 21. Dezember, dem kürzesten Tag des Jahres. Die Jahreszeiten, die sich aus dem scheinbaren Sonnenlauf um die Erde mit ihrer geneigten Drehachse ergeben, wirken sich auf alles Leben auf der Erde aus.

Wir Menschen werden von der Zunahme und Abnahme des Lichts beeinflusst. Seit 1980 haben zahlreiche Studien das Phänomen der Jahreszeitenstörungen *(SAD: Seasonal Affective Disorder)* bestätigt. Wenn die Tage kürzer werden, klagt eine signifikant hohe Zahl von Menschen über Symptome von Erschöpfung und Niedergeschlagenheit, die mit der Zunahme des Sonnenlichtes dann wieder zurückgehen. Menschen mit SAD berichten häufig von Gewichtszunahme in den Wintermonaten, die mit einem starken Drang nach Kohlehydraten einhergehen. SAD-Patienten wird oft verordnet, sich täglich für mehrere Stunden in ein strahlend helles Licht zu setzen, das von so genannten Tageslichtlampen erzeugt wird.

Unter Umständen stellen Sie im Verlauf der Jahreszeiten subtile Veränderungen in Ihren Stimmungen fest. Vielleicht neigen Sie dazu, sich mehr nach innen zu richten, wenn im Herbst die Blätter fallen, sich im Winter stärker zurückzuziehen, sich im Frühling spielerischer und verliebter zu fühlen und in den Sommertagen aktiver zu sein. Ihr Bewusstsein sowie Ihr Körper spiegeln die natürlichen Zyklen des Lebens wider.

Nehmen Sie die unterschiedlichen Gesichter der Natur an und stellen Sie sich darauf ein, während die Erde durch ihre Jahreszeiten wechselt. Wenn es möglich ist, sollten Sie nicht gegen die introvertierten und extrovertierten Stimmungen ankämpfen, sondern sich auf sie einlassen. Während der kürzeren Wintertage können Sie folgende Vorschläge ausprobieren:

– Gehen Sie früher zu Bett, damit Sie, falls nötig, mehr Ruhe finden.
– Schlafen Sie an den Wochenenden länger aus.
– Nehmen Sie sich die Zeit, morgens und am späteren Nachmittag zu meditieren.
– Essen Sie warme und schwerere Nahrungsmittel wie Suppen und Eintopf.
– Trinken Sie während des ganzen Tages Ingwertee (geben Sie 1 Teelöffel frisch geriebenen Ingwer auf 1 Tasse heißes Wasser).
– Verwenden Sie reichlich schärfere Gewürze.
– Machen Sie morgens Gymnastik oder treiben Sie Sport.
– Nehmen Sie heiße Bäder oder gehen Sie in die Sauna.
– Suchen Sie sich ein gutes Buch für den Abend, anstatt fernzusehen.

Während der längeren Sommertage führen die zusätzlichen Stunden an Sonnenlicht dazu, dass man körperlich überhitzt, dass man zu viel Sonne abbekommt oder zu aktiv ist.

Das kann man durch diese Maßnahmen ausgleichen:

- Trinken Sie viel Flüssigkeit wie Wasser und verdünnte Säfte.
- Essen Sie leichter.
- Nehmen Sie reichlich frisches Obst und frisches Gemüse zu sich.
- Tragen Sie leichtere Kleidung und achten Sie auf Sonnenschutzcreme.
- Vermeiden Sie, während der heißesten Mittagsstunden draußen zu sein.
- Halten Sie sich an und im Wasser auf.

Der Rhythmus des Mondes

Der Mond ist seit jeher Objekt der Erforschung, Anbetung und Zuwendung durch Astrologen, Priester, Dichter und Liebende gewesen. In vielen antiken Kulturen repräsentiert der Mond die weibliche Seite der Natur und stellt ein Art Gegengewicht zur männlichen Sonne dar. Das Wort Menstruation stammt aus dem Griechischen; *mene* heißt dort Mond. Da der Menstruationszyklus der Frau und der Mondumlauf um die Erde beide durchschnittlich 28 Tage betragen, wurde der Mond von alters her mit Fruchtbarkeit und Gefühlen in Verbindung gebracht.

Wissenschaftliche Studien haben ergeben, dass während der Neumondphase mehr Frauen ihre Periode haben als zu anderen Zeiten des Mondzyklus'. Die höchste Fruchtbarkeit wurde im dritten Viertel der Mondphase festgestellt, was auf die Möglichkeit hindeutet, dass der abnehmende Mond nach dem Vollmond den Eisprung auslöst.

Die meisten Frauen sind sich der Schwankungen ihrer Stimmungslage und ihres körperlichen Zustands während des monatlichen Zyklus' bewusst. Die Forschung hat herausgefunden, dass Frauen in der Zeit um den Eisprung herum emotional und sexuell empfänglicher sind als in der Woche vor der Menstruation. In der prämenstruellen Phase sind Nervosität, Ängstlichkeit, Niedergeschlagenheit, Müdigkeit und konfliktgeladene Beziehungsabläufe nicht selten; einige wenige Frauen empfindet dies sogar als derart gravierend, dass sie medizinische Hilfe benötigen.

Traditionell ist die Zeitspanne vor und während der Menstruation für Frauen eine Zeit des Innehaltens und der Einkehr. Im Ayurveda betrachtet man die Menstruation als einen wichtigen Entgiftungsvorgang, der es Frauen möglich macht, sich monatlich zu reinigen und zu verjüngen.

Beachten und ehren Sie Ihren weiblichen Zyklus. Nehmen Sie sich an dem Tag, an dem Sie Ihre Periode erwarten, weniger vor. Trinken Sie reichlich Flüssigkeit. Bereiten Sie sich frische und nahrhafte Mahlzeiten zu. Reduzieren Sie die Intensität von Sport und Gymnastik; üben Sie lieber mehr Yoga oder gehen Sie spazieren. Wenn es möglich ist, lassen Sie sich massieren. Vermeiden Sie Auseinandersetzungen. Versuchen Sie, wirklich um 22 Uhr im Bett zu sein. In der modernen Gesellschaft gibt es leider nicht die Möglichkeit, ein paar Tage einfach nicht zur Arbeit zu gehen, aber Sie sollten zumindest unnötige Überarbeitung vermeiden.

Ruhige, konzentrierte Aufmerksamkeit

Ihre Wünsche, Absichten und Bedürfnisse beschäftigen Ihren Körper, Ihren Geist und Ihre Seele. In Ihrem Bestreben, etwas zu erwerben, zu leisten oder zu erlangen, werden sie von Ihrem Ziel absorbiert, ob es sich dabei nun um eine Beziehung, einen Geschäftsabschluss oder einen materiellen Besitz handelt. Es ist wesentlich, dass Sie Ihre Aufmerksamkeit gesammelt und konzentriert halten, um

Ihre Wünsche zu erfüllen – das ist jedoch nur eine Seite der Medaille. Loslassen können ist die andere Fähigkeit, die für ein erfolgreiches Leben notwendig ist. Wenn Sie zeitweise Ihre Bindung an die erwarteten Erfolge der Wunscherfüllung loslassen, dann erhöht das die Wahrscheinlichkeit, dass Sie erreichen, was Sie anstreben.

Wenn Sie sich erlauben, sich zu entspannen, dehnt sich Ihr Bewusstsein weiter aus. Mit einer solchen Bewusstseinsöffnung betrachten Sie die Dinge auf eine andere und umfassendere Art und Weise, die Ihnen nicht möglich war, solange Sie ganz fest nur an Ihrem Wunsch festgehalten haben. Wenn Sie zwischen einer intensiven und konzentrierten Ausrichtung auf Ihre Ziele und einem erweiterten, entspannten und offenen Bewusstsein alternieren, dann werden Sie noch sehr viel besser und genauer den richtigen Weg zum Erfolg finden. Achten Sie die natürlichen Rhythmen des Wechsels zwischen aktivem Handeln und entspanntem Loslassen. Das ist ein zeitlos gültiges Rezept für Erfolg und Glück.

Ich demonstriere meine Entscheidung für Entspannung, indem ich:

1. mir täglich Zeit nehme, mein Bewusstsein durch Meditation zu beruhigen;
2. Schritte unternehme, um nachts einen ruhigen Schlaf zu finden;
3. auf die Jahreszeiten, Zyklen und Rhythmen meiner natürlichen Umgebung achte.

Die Fünfte Entscheidung

Ich entscheide mich für Ganzheit

Ehre deinen Vater und deine Mutter,
damit deine Tage auf dem Lande verlängert werden,
die der Herr, dein Gott, dir gibt.
– Exodus 20:12

Den Eintrittspreis, um die erhabenen Minnesänger
von der Liebe singen zu hören,
können sich nur diejenigen leisten,
die sich nicht damit erschöpft haben,
Gott den ganzen Tag hindurch abzuspalten
und deshalb nun der Ruhe bedürfen.
– Hafiz

Spiritualität ruft uns dazu auf, Gegensätze miteinander zu versöhnen, und es gibt keine grundlegendere Dualität als das Männliche und das Weibliche. Unsere Gesellschaft befindet sich in einer vorher noch nie da gewesenen Auseinandersetzung über Sexualität. Ideen über Familie und die Rollen von Männern und Frauen, die zuvor noch nie aufgegriffen wurden, werden nun praktisch erprobt. Allein erziehende Elternteile, Ehe unter gleichgeschlechtlichen Partnern, neue Stieffamilien, gemeinsame Elternschaft ohne Trauschein, gemeinsame Kindererziehung nach der Scheidung – das war nicht das täglich Brot unserer Großeltern.

Über die Frage, was es heißt, eine Frau oder ein Mann zu sein, ist erst in der letzten Zeit ein echter Dialog in Gang gekommen. Die Gesellschaft reagiert selbstverständlich sehr deutlich, wenn überlieferte, geachtete Überzeugungen herausgefordert werden. Neue Vorstellungen über Sexualität führen zu starken Reaktionen. Ein spiritueller Ansatz wird uns helfen können, diese Konflikte friedlich zu lösen, indem wir Einheit in der Vielfalt finden.

Das fünfte Gebot ehrt das Wesen von Mutter und Vater, womit es auch die umfassende Ganzheit meint, die weibliche und die männliche Kraft, die in uns allen wohnt. In der tantrischen Tradition Indiens betrachtet man das Universum als einen ständigen Tanz zwischen männlichen und weiblichen Energien. Die weibliche Shakti ist die mütterliche Kraft des Universums, die Form und Erscheinungen gebiert. Der männliche Shiva ist unverbunden und in sich versunken. Die leidenschaftliche Shakti verschmilzt mit dem „abwesenden“ Shiva, um so den Kosmos und alle fühlenden Wesen hervorzubringen.

Die Sicht von Männern und Frauen in der westlichen Kultur ist eine komplizierte Sache. Die Geschichte von unseren Ureltern, Vater Adam und Mutter Eva, wirft mehr Fragen auf als sie beantwortet. Gott schuf am sechsten Tage der Schöpfung den Menschen sich zum Bilde und setzte ihn in den Garten Eden. Der erste Mensch, der von Gott getrennt war, war unvollkommen, und so schuf Gott aus Adams Seite die Frau.

Aus Gründen, die nur Gott versteht, wird Adam aufgefordert, nicht die Frucht vom Baum der Erkenntnis von Gut und Böse zu essen. Dann ereignet sich scheinbar die erste und ursprüngliche Fehlkommunikation zwischen den Geschlechtern, denn Eva erzählt der Schlange, dass Gott ihnen aufgetragen hat, die Frucht des Baumes weder zu essen noch zu *berühren*. Daraufhin überzeugt die Schlange Eva, die Frucht in die Hand zu nehmen und mit Adam zu teilen.

Als ihnen die Augen der Selbsterkenntnis geöffnet werden, werden sie ihrer Nacktheit gewahr, woraus sich die erste Mode entwickelt. Man kann fast hören, wie Eva Adam fragt: „Steht mir das Blatt?“ Gott knöpft sich Adam vor; Adam schiebt die Schuld auf Eva. Eva reicht die Schuld an die Schlange weiter, und alle Beteiligten an diesem Verbrechen werden bestraft. Gott verweist Adam und Eva aus dem Garten Eden, bevor sie eine Gelegenheit hatten, eine Frucht vom Baum des Lebens zu essen, die sie unsterblich gemacht hätte.

Fast unmittelbar nach der Vertreibung aus dem Paradiesgarten bekommen unsere Ureltern zwei Söhne, die prompt ihre geschwisterlichen Rivalitäten demonstrieren. Nachdem er seinen Bruder Abel erschlägt, findet Kain irgendwie eine Frau, bekommt einen Sohn, und einige Tausende von Generationen später stehen wir hier und überlegen, was dieser Mythos über den Mann und die Frau für uns heute bedeuten mag. Die Geschichte, die uns von der Ursprungsfamilie berichtet wird, ist sehr komplex, wie auch die Beziehung zwischen Männern und Frauen bis auf den heutigen Tag sehr komplex ist.

Das Spektrum der Sexualität

Mädchen unterscheiden sich von Jungen. Während der späten 60er Jahre glaubten viele, dass das soziale Umfeld für die Entwicklung wichtiger wäre als die Natur. Diese Überzeugung führte dazu, dass Eltern bewusst die Entscheidung trafen, Stereotypen, die womöglich den Geschlechtsaspekt ihrer Kinder bestärken würden, zu minimieren, damit ihre Söhne sensibler und ihre Töchter selbstbewusster aufwachsen könnten. Trotzdem stellten viele Eltern fest, dass ihre Jungen jeden Stock in ein Gewehr verwandelten und ihre Mädchen nachts Plüschtiere in eine Krippe legten.

Die westliche Gesellschaft erkennt allmählich, dass es ein großes Spektrum dessen gibt, was man als männlich und als weiblich bezeichnen kann. Es wird auch für den männlichsten Athleten, Soldaten oder Schauspieler immer akzeptabler, seine emotionale Seite zu zeigen. Gleichzeitig beobachten wir einen ständigen Fortschritt in der gesellschaftlichen Akzeptanz von Frauen in Führungsrollen in Wirtschaft, Politik, Medien und Sport. Wenn wir beide Seiten in uns annehmen, die männliche und die weibliche, können wir ganz und kraftvoll werden.

Die männliche Kraft erforschen – die weibliche Kraft annehmen

Ihre männlichen und weiblichen Aspekte können sich auf unterschiedliche Weise zeigen. Sie können „kindlich" in Unschuld, Begeisterung und Verletzlichkeit zum Ausdruck kommen. Sie können sich „erwachsen" zeigen und kraftvoll Entschlossenheit, Autorität und Beherrschung ausstrahlen. Sie können sich auch als Weisheit manifestieren, in der sich Lebenserfahrung und Verstehen vereinen. Wenn Sie die vielfältigen Arten kennen lernen, wie sich Ihre männlichen und weiblichen Aspekte zeigen können, werden Sie das Verständnis für die Ihnen innewohnenden Kräfte vertiefen und Ihr Mitgefühl weiter entwickeln.

Eine gesunde männliche archetypische Energie manifestiert sich als Selbstvertrauen, Entschlossenheit, Disziplin und Verantwortlichkeit. Sie ist resolut und zielorientiert. Starke, ethische Führungsqualitäten beruhen auf diesem Fundament. Ungesunde männliche Energie zeigt sich als Sturheit, Unterdrückung, Unbeweglichkeit und Ausbeutung.

Eine gesunde und ursprüngliche weibliche Energie ist kreativ und zyklisch. Das griechische Wort für den Uterus ist *metra*, ein Begriff, der sich auf Zeit und Messung bezieht. Das Schöpferische wird im Schoß der archetypischen Frau ausgebrütet und kommt aus ihm hervor. Die weibliche Kraft stimmt Sie auf die Jahreszeiten ein und auf die anderen Zyklen und Rhythmen der Natur. Diese Kraft kann sowohl sanft und nährend als auch heftig beschützend sein, fördernd oder zerstörerisch wirken, ermutigen oder kastrieren.

Ganz gleich, ob wir Mann oder Frau sind, tragen wir alle sowohl männliche als auch weibliche Energie in Körper, Geist und Seele. Männer und Frauen pflegen eine unterschiedliche Beziehung zu ihren männlichen und weiblichen

Seiten, aber beide profitieren davon, die machtvollen Kräfte kennen zu lernen, die in ihnen schlummern. Frauen, die ihre Fähigkeit entwickeln, sich Ziele zu setzen und diese zu erreichen, erwerben Selbstachtung, und es wird weniger wahrscheinlich, dass sie sich auf entwürdigende oder von Missbrauch gekennzeichnete Beziehungen einlassen. Männer, die ihre nährende und beschützende Seite mehr entfalten, können ihre emotionale Intelligenz besser einsetzen, wodurch sie sowohl persönlich als auch beruflich bessere Entscheidungen treffen. Wenn wir unsere inneren weiblichen und männlichen Kräfte erwecken, wird das unsere Fähigkeit stärken, kreative Lösungen für unsere individuellen und kollektiven Probleme zu finden.

Verwöhnen Sie Ihr inneres Kind

Kinder sind immer offen für Überraschungen. Ein Regenbogen, eine Raupe oder ein Luftballon rufen Freudenjauchzer hervor. Was nicht erwartet wird und nicht geplant ist, vermittelt dem Kind laufend neue Chancen, sich ganz lebendig zu fühlen. Das unschuldige Bewusstsein eines Kindes hat sich noch nicht so entwickelt, dass es ständig über die Vergangenheit nachgrübelt oder die Zukunft vorausnimmt. Ein Kind ist immer ganz in der Wachheit des gegenwärtigen Augenblicks und erfährt das Leben auf diese Weise als eine magische und mysteriöse Sache.

Beobachten Sie einmal ein dreijähriges Kind, das in einem Park spielt. Jetzt klettert es mutig an einem Klettergitter empor und erprobt seine Grenzen, während wir um seine Sicherheit fürchten. Im nächsten Moment stolpert es über eine Wurzel, schrammt sich sein Knie und schreit nach seiner Mutter. Es liegt in der Natur von Kindern, sowohl ihre Grenzen zu erproben als auch sofort Trost zu suchen, wenn sie etwas nicht schaffen oder auf Widerstand stoßen.

Das innere Kind, das süß, spontan und voller Freude am Spiel ist, hält unser Herz offen. Das archetypische Kind erinnert uns mit seiner Liebe und seinem zärtlichen Vertrauen an unsere eigene ursprüngliche Unschuld. Dieser sensible Aspekt unseres Seins wird durch offene Grenzen und eine völlige Aufrichtigkeit gekennzeichnet, was wir meist gelernt haben, unter einem Schutzschild von Nüchternheit und Verantwortungsbewusstsein zu verstecken.

Wenn Ihre Unschuld und Reinheit als Kind geachtet und geschützt worden sind, dann haben Sie gelernt, angemessene Grenzen zu setzen und Ihren Selbstwert zu entwickeln. Optimismus im Hinblick auf die Welt und das Leben sowie Vertrauen in das Gute im Menschen sind dann zu Ihren Kernüberzeugungen geworden. Falls Ihre frühesten Erfahrungen in dieser Hinsicht jedoch chaotisch, turbulent oder eben nicht förderlich gewesen sind, dann kann es eine ziemlich lange Zeit des Lebens in Anspruch nehmen, diese Ganzheit wiederzuerlangen.

Als Alex sechs Jahre alt war, verließ sein Vater seine Mutter. Da sie nun vor der Herausforderung stand, ganz allein drei Kinder aufzuziehen, gab sie Alex in ein katholisches Internat und gab zu: „Ich schaffe es jetzt einfach nicht mehr, mich auch um dich richtig zu kümmern." Obwohl Alex von einem Gefühl des Verlustes und der Einsamkeit schier überwältigt wurde, musste er doch schnell lernen, sich eine „dicke Haut" zuzulegen, um weitere Gefühlsverletzungen durch Mitschüler zu vermeiden, die ihn sonst schikaniert hätten.

Von diesem zarten Alter an bis hinein in sein Leben als Erwachsener war es Alex' Bestreben, von keinem anderen Menschen im Leben irgendwie abhängig zu werden. Er wurde Pilot, und obwohl er finanziellen Erfolg hatte, litt sein Familienleben unter ständigen Problemen. Ein Jahr nach seiner dritten Scheidung bekam er Prostata-Krebs und musste deshalb seine Karriere als Pilot beenden. Seine Behandlungen waren erfolgreich und seine Berufsunfähigkeitsversicherung bot ihm eine ausreichende wirtschaftliche Absicherung, und doch fiel er in eine tiefe Depression, die auch durch entsprechende Medikamente nicht verschwand.

Als er mir seine leidvolle Lebensgeschichte erzählte, wurde klar, dass Alex bislang nie eine echte Gelegenheit gehabt hatte, einfach Kind zu sein. Er musste ständig wach sein, nur um zu überleben; er war gar nicht darauf eingestellt, Dinge leichthin zu genießen, sogar nachdem seine Grundbedürfnisse bereits erfüllt worden waren. Glücklicherweise hatte eine seiner Töchter zwei kleine Kinder, die ihren Großvater sehr mochten. Ich empfahl ihm, so viel Zeit wie nur möglich mit ihnen zu verbringen. Er fing an, seine Enkel zu Vergnügungsparks zu nehmen, zu Baseballspielen und an den örtlichen Strand. Er kaufte sein erstes Fahrrad und begann, regelmäßig mit ihnen Fahrrad zu fahren. Indem er sich auf die Freude an seinen Enkeln einließ, fand Alex zunehmend Freude am eigenen Leben.

Wenn Sie mit Ihrem inneren Kind in Verbindung stehen, werden Sie sich voller Begeisterung spontan und spielerisch auf die Welt einlassen. Sie spüren schon vorweg, dass die Menschen positiv darauf reagieren werden, wenn Sie mit deren Leben zu tun haben, und Sie fühlen sich sicher dabei, bestimmte Risiken einzugehen. Sie sind sich auch gewiss, nährende Liebe zu empfangen, wenn Sie sie brauchen; sie öffnen sich fortwährend mehr für andere Menschen und andere Aktivitäten. Sie sind davon überzeugt, dass Sie es wert sind, beachtet zu werden, und das strahlen Sie auch auf alle aus, denen Sie begegnen.

Entscheiden Sie sich dafür, Ihrem inneren Kind zu erlauben, dass es spielt. Auch wenn Ihre Kindheit eher von Vernachlässigung oder Traumata geprägt wurde, können Sie dennoch das unschuldige Wesen heilen, das in Ihnen wohnt. Jede Seele ist es wert, bedingungslos geliebt und angenommen zu werden. Jetzt ist die richtige Zeit, damit anzufangen. Überlegen Sie sich, was Sie glücklich macht. Wie können Sie spielerischer werden? Was würden Sie gerne tun, auch wenn es keinen praktischen Nutzen hat, außer dass Sie sich freuen? Stellen Sie eine Liste auf von Dingen, die Sie gerne tun und planen Sie regelmäßig Zeit dafür ein. Hier sind einige Vorschläge:

– Nehmen Sie an einem Tanzkurs teil.
– Lernen Sie, mit Wasserfarben zu malen.
– Besuchen Sie einen Vergnügungspark.
– Gehen Sie am Strand entlang und sammeln Sie Muscheln.
– Wandern Sie im Wald und sammeln Sie Tannenzapfen.
– Lernen Sie, ein Musikinstrument zu spielen.
– Spielen Sie Volleyball.
– Essen Sie ein großes Eis.
– Gehen Sie in einen Spielzeugladen.

Und das sind Anzeichen dafür, dass Sie Ihrem inneren Kind nicht genügend Spielraum geben:

– Sie fühlen sich häufig beleidigt oder angegriffen.
– Sie ziehen sich bei den geringsten Missachtungen zurück.
– Sie reagieren aggressiv, wenn Sie herausgefordert werden.
– Sie sind zynisch.
– Sie sind unflexibel.
– Sie misstrauen Beziehungen.
– Sie lachen selten.
– Sie haben immer irgendetwas Wichtiges zu tun.

Treffen Sie die verbindliche Entscheidung, die Unschuld und Süße Ihres Herzens zu achten und zu ehren, egal, wie alt Sie den Lebensjahren nach sein mögen. Suchen Sie nach Gelegenheiten, Ihr Herz gegenüber Ihrer Familie und Ihren

Freunden und auch sich selbst gegenüber zu öffnen. Behandeln Sie die Menschen, die Ihnen am nächsten stehen, so, wie Sie ein kleines Kind behandeln würden. Erwarten Sie auch von diesen Menschen nichts anderes.

Ihr innerer Erwachsener

Der erwachsene Mensch ist ein heroisches Wesen, das seinen Blick auf ein Ziel richtet und bereit ist, alles zu tun, was notwendig ist, um dieses Ziel zu erreichen. Wenn Sie Ihren inneren Helden bzw. Ihre innere Heldin annehmen, so werden Sie dadurch befähigt, Hindernisse zu überwinden, um Ihre tiefsten Wünsche und Absichten zu erfüllen.

Der erwachte maskuline Aspekt eines gesunden Erwachsenen vereint Begeisterung mit Geduld. Eine gesunde männliche Energie hält die Konzentration auf Ziele aufrecht, ohne dabei starr zu werden. Sie betrachtet unerwartete Schwierigkeiten auf dem Weg zum Ziel als Lernerfahrungen.

Menschen mit einer unterentwickelten männlichen Energie schieben die Schuld für Ihre Versäumnisse oder Misserfolge auf andere oder auf ein übles Schicksal. Da es ihnen an Selbstvertrauen und Entschlossenheit mangelt, rationalisieren sie ihr Versagen mit ermüdenden Schlagworten wie „Am Ende ist ohnehin alles egal“ oder „Ich habe einfach nicht so ein Glück wie alle anderen.“

Es kommt auch vor, dass die männliche Kraft auf ungesunde Weise überbetont wird und die betreffenden Menschen sich auf eine Weise getrieben fühlen, die sowohl ihnen selbst als auch ihrer Umgebung schadet. Wenn man übermäßig lange arbeitet und immer in Eile ist, dann verpasst man die kleinen, aber wesentlichen Erlebnisse und Erfahrungen, die uns wirklich mit den Menschen in unserem unmittelbaren Umfeld verbinden. Da solche getriebenen Menschen ihre vermeintliche Unzulänglichkeit kompensieren wollen, übersehen sie die Chancen, Liebe und Wertschätzung von jenen zu erhalten, die sie lieben, ohne auf ihre Leistungen zu schauen.

Die weibliche Seite eines gesunden Erwachsenen ist kompetent und nährend, in der Lage, sich um sich selbst und um andere zu kümmern. Diese Seite ist kreativ und geerdet und weiß, wann sie flexibel sein und wann sie Grenzen ziehen muss. Wenn sie mit der Familie zu tun hat, bietet die ausgeglichene weibliche Kraft bedingungslose Liebe und Unterstützung für alle Angehörigen, ihr volles Potenzial zu erreichen. Wenn diese Seite im Beruf aktiv ist, versteht die ausgewogene weibliche Energie es, Menschen zu führen, ohne sie herabzusetzen und freut sich an Erfolgen anderer.

Unausgeglichene weibliche Energie kann zu emotionaler und physischer Erschöpfung führen. Menschen, die von einem nicht integrierten Impuls angetrieben werden, andere zu fördern, kümmern sich oft so sehr um sie, dass sie ihre eigenen Bedürfnisse vernachlässigen und sich unnötig erschöpfen. Ein Mensch mit der Einstellung „Ich habe so viel damit zu tun, hierhin und dorthin zu fahren, dass ich nicht zur Tankstelle fahren kann“ wird unvermeidlich irgendwann mit einem leeren Tank stehen bleiben.

Die Jungianische Psychologie betrachtet diese grundlegenden Kräfte als den Ausdruck archetypischer Energien im kollektiven Bewusstsein. Ein Mann oder eine Frau, die die Dinge in die Hand nehmen und entschlossen entscheiden, legen damit sozusagen das Gewand eines Königs oder einer Königin an. Ursprüngliche Kraft kann sich als ein ungezähmter Gott oder eine wilde Göttin zeigen, die oft in der Natur sind, indem sie im Garten arbeiten, auf Pferden reiten oder in den Wäldern wandern. Der archetypische innere Adonis oder die urtümliche Venus drücken sich in Sinnlichkeit, Sexualität und Leidenschaft aus. Das Urbild des Heilers zeigt sich in der Fürsorge für Kranke, Kinder und Alte sowie in selbstlosen Gaben für Arme und Bedürftige. Der mystische Archetyp erscheint als eine nach innen gerichtete Kraft, in der psychologische und spirituelle Bereiche des Lebens enthalten sind.

Machen Sie sich mit verschiedenen Gesichtern Ihrer inneren Archetypen vertraut. Sie werden feststellen, dass jeder Ausdruck sowohl lichte wie dunkle Seiten kennt. Wenn Sie die heiligen und die profanen Aspekte Ihrer inneren Kräfte erkennen und annehmen, können Sie bewusster wählen, wer Sie in Ihrem Leben und in der Welt sein wollen.

Archetyp	**Eigenschaften**
König / Königin	Bestimmend, kompetent, machtvoll Kontrollierend, rücksichtslos, manipulativ
Naturmensch	Unabhängig, natürlich, kraftvoll Gleichgültig, reserviert, primitiv
Adonis / Venus	Sinnlich, romantisch, leidenschaftlich Oberflächlich, materialistisch, egozentrisch
Heiler / Erdmutter	Nährend, fürsorglich, liebevoll Sich selbst klein machend, Suchtverhalten, extrem
Mystiker / Mystikerin	Voller Einsichten, intuitiv, geheimnisvoll unverbunden, distanziert, fatalistisch

Spüren Sie, ob Sie die Urkräfte, die Sie unbewusst abgelehnt haben, anerkennen und annehmen können. Wenn Sie sich in der Gesellschaft anderer Menschen unwohl fühlen, die andere Interessen haben als Sie, dann betrachten Sie Ihr Unbehagen als eine Aufforderung, in diesem Bereich irgendetwas zu finden, was Sie doch interessiert oder was Sie befürworten können. Vielleicht interessieren Sie sich derzeit überhaupt nicht für das Thema Wirtschaft – doch beobachten Sie einmal, ob Sie die konzentrierte Aufmerksamkeit, die jemand anderes darauf lenkt, nicht anerkennen können. Unter Umständen langweilen Sie Gespräche über Kinder, aber vielleicht wird darin etwas erwähnt, das sich als eine interessante Information für Sie erweist. Wenn Sie Ihr Selbstbild über die bisherigen Grenzen hin ausdehnen, werden Sie sich auch in völlig unterschiedlichen Situationen immer geerdet und wohl fühlen.

Die innere Weisheit

In jeder epischen Geschichte gibt es einen Zeitpunkt, wo der Held sich verirrt oder ein Hindernis auftaucht, das unüberwindlich scheint. Dies ist das Signal für den alten Weisen, der nun auftauchen kann, um Führung und Inspiration zu vermitteln. So machen es Merlin für den jungen Arthur, Obi-Wan Kenobi für Luke Skywalker, Mr. Miyagi für Karate Kid und Gandalf für Frodo. Solche Verkörperungen des archetypischen Weisen leben in jedem von uns.

Die weibliche Seite des Weisen ist die weise Alte. Sie taucht als einfühlsame Großmutter auf, die bereit ist, ihr spezielles Wissen und ihre besondere Kraft einzusetzen, um die Dinge wieder in Ordnung zu bringen. Für Aschenputtel zum Beispiel ist sie die gute Fee. Im Alltagsleben zeigt sie sich vielleicht als die Großmutter, bei der man sich immer so wohl fühlt, oder als die Lehrerin, die genau den richtigen

Ton trifft, um Kinder zu motivieren und inspirieren. Ihre innere weise Alte ist von Weisheit und Mitgefühl erfüllt, die im richtigen Verhältnis zueinander stehen. Selbst wenn Sie eine ganz falsche Entscheidung getroffen haben, ist sie zur Stelle, um Sie zu trösten und wieder aufzumuntern.

Machen Sie sich mit Ihrer inneren Weisheit vertraut. Sie weiß, was Sie brauchen und möchte nur, dass Sie Ihre Schicksalsaufgaben erfüllen und Ihren Lebenssinn verwirklichen. Um Zugang zur inneren Weisheit zu gewinnen, müssen Sie die turbulenten Stimmen in sich zur Ruhe bringen und auf die Wahrheit hören, die Ihnen Ihre innere Weisheit mitteilt.

Schließen Sie die Augen, atmen Sie einige Male langsam und tief ein und aus und stellen Sie sich dann vor, an einem wunderschönen heiligen Ort der Kraft zu sein. Die Luft ist rein, die Sonne scheint, und die Umgebung wird von einer Schwingung von Reinheit, Beschütztsein und Frieden durchströmt. Nun visualisieren Sie, wie der oder die innere Weise heiter gelassen unter einem majestätischen Baum vor Ihnen sitzt. Blicken Sie in ihre bzw. seine Augen und spüren Sie darin bedingungslose Liebe und Mitgefühl. Setzen Sie sich dazu und bitten Sie um weise Einsichten und eine neue Sichtweise im Hinblick auf die Themen oder Probleme, die Sie gerade beschäftigen. Sie werden auf diese Weise Führung erhalten.

Ich habe Hunderte von Menschen zu dieser einfachen Visualisierung angeleitet und festgestellt, dass sich fast jeder eine innere weise Gestalt vorstellen kann, die ihm wahre und hilfreiche Einsichten über ihr Leben vermittelt. Bauen Sie eine Beziehung zu Ihrem inneren Ratgeber, Meister, Guru, Rabbi, Lehrer oder Führer auf – bzw. mit der entsprechenden weiblichen Gestalt! Entscheiden Sie sich, diesen Quell innerer Weisheit häufig aufzusuchen und zu kultivieren. Lassen Sie die bedingungslose Annahme und Unterstützung, die Ihnen von Ihrer inneren Weisheit zufließt, Ihr

Herz und Ihre Seele durchdringen. Als Frucht dieser Beziehung werden Sie Entscheidungen treffen, die mit Ihren höchsten Werten übereinstimmen. Der Zugang zu dieser archetypischen Energie erlaubt es Ihnen, die Weisheit Ihres Herzens zu nutzen.

Ehren Sie Ihren Vater und Ihre Mutter

Ihr Sein hat viele Schichten und Aspekte; Sie sind ein mehrdimensionales Wesen. Wenn man die Ganzheit dessen annimmt, was es bedeutet, ein Mensch zu sein, so wird jeder Aspekt des Lebens bereichert. Wenn Sie die unterschiedlichen Ausdrucksformen Ihrer männlichen und weiblichen Kräfte integrieren, gewinnen Sie Energie und Kreativität. Je größer Sie sich selbst in Ihrer Vorstellung machen, desto mehr werden Sie andere Menschen akzeptieren. Eine eingeengte Sicht von Geschlecht, Sexualität und darüber, welche Rollen für Jungen und welche für Mädchen vorgesehen sind, führt zu Vorurteilen und Intoleranz. Wir dienen der Ehre unserer Eltern am besten, indem wir Güte, Mitgefühl, Liebe und Weisheit ausstrahlen. Entscheiden Sie sich, Ihr inneres unschuldiges Kind zu lieben sowie den kraftvollen Erwachsenen und die weise Alte. So erfassen Sie das erstaunlich komplexe Wesen, das Sie sind. Entscheiden Sie sich für Ganzheit. Das ist Ihr Geburtsrecht.

Ich demonstriere meine Entscheidung für Freiheit, indem ich:

1. meinem inneren Kind regelmäßig etwas gönne;
2. meine Ziele für zukünftigen Erfolg in einen Ausgleich bringe mit Entscheidungen, die mich schon jetzt glücklich machen;
3. Zugang zu Weisheit erlange, indem ich meinen archetypischen inneren Weisen darum bitte.

Die Sechste Entscheidung

Ich entscheide mich für Vergebung

Du sollst nicht töten.
– Exodus 20:13

Vergebung ist die Münze, die du wirklich brauchst.
Alle anderen Arten von Geld kaufen nur seltsame Dinge.
– Hafiz

Die Katha-Upanishade, ein alter indischer Text, erzählt die Geschichte des Jungen Nachiketa. Als sein Vater dafür geehrt wird, dass er dem örtlichen Tempel eine Herde Rinder stiftet, weist Nachiketa darauf hin, dass das Geschenk nicht ganz so großmütig ist, wie es aussieht, da die Kühe schon alt und krank sind. In seiner Beschämung und seinem Zorn verflucht ihn sein Vater mit den Worten „Ich schicke dich zu Yama!". Das entspricht unserem Ausspruch „Zur Hölle mit dir!"; Yama ist der indische Gott des Todes. Nachiketa ist angesichts der Heuchelei in der Welt verwirrt und entschließt sich, den Fluch seines Vaters als eine Chance wahrzunehmen, um direkt mit dem Tod zu sprechen.

Als er in der Unterwelt ankommt, teilen die Handlanger des Todes Nachiketa mit, dass sich der Gott auf einer Geschäftsreise befindet und erst in ein paar Tagen zurück erwartet wird. Der Junge erklärt, dass er hier auf Yamas Rückkehr warten werde und beginnt zu meditieren. Drei Tage und Nächte lang bleibt Nachiketa in Meditation versunken und bemerkt nicht, dass Yama inzwischen zurückgekommen ist. Yama erkundigt sich bei seinem Gefolge, was der meditierende Junge am Eingang zu bedeuten habe. Er erfährt, dass noch niemand miterlebt hat, wie ein Mensch derart gradlinig und selbstverständlich dem Tod entgegen gegangen ist. Yama ist von der Selbstbeherrschung des Jungen beeindruckt, entschuldigt sich bei ihm, dass er warten musste und bietet ihm als Entschuldigung eine Gabe an. Als der Gott des Todes ihn fragt, was er möchte, bittet der Junge zuerst darum, dass der Vater ihm vergeben möge. Yama versichert ihm, dass der Vater ihm voller Freude vergeben wird, sobald er hört, dass sein Sohn wohlbehalten aus den Klauen des Todes zurückgekehrt ist, da Groll im Angesicht eines Verlustes seine Bedeutung meist verliert.

Diese Geschichte ist ein gutes Beispiel die entscheidende Bedeutung von Vergebung. Vergebung ist eine Voraussetzung für inneren Frieden. Wenn wir an altem Groll, Bedauern und Ärgernissen festhalten, dann haben wir damit das beste Rezept, um ständig weiter zu leiden. Jeder muss sich bewusst entscheiden, ob er bereit ist, das Bedürfnis nach Rechthaberei im Dienste von Frieden, Harmonie und Liebe aufzugeben. Immer wenn zwei Menschen unterschiedlicher Meinung sind, sind beide davon überzeugt, selbst Recht zu haben, während sie meinen, dass der Andere im Irrtum ist oder Unrecht hat. Das soll dann die Gegnerschaft rechtfertigen und feindselige Aktionen legitimieren.

Wenn wir Vorurteile umwandeln in Verstehen, kann Frieden an die Stelle von Feindschaft treten. Verstehen fördert Vergebung, die Zorn auflöst und Hoffnung wachsen lässt. Dies sind die Grundlagen emotionaler Freiheit. Vergebung bringt der Menschheit Göttlichkeit. Sie ist mehr als nur eine Laune oder ein Gefühl, sondern strahlt aus einem Herzen aus, das Leid, Groll, Bedauern, Enttäuschung und Schuldgefühle losgelassen hat. Vergebung ist eine praktische Übung. Sie besitzt die Kraft, die Grenzen in Ihrem Herzen aufzulösen, die Ihre Fähigkeit zu lieben einschränken.

Entgiften Sie Ihr Herz

Seit Tausenden von Jahren verbreitet Ayurveda ein umfassendes Programm zur körperlichen Entgiftung. Es heißt

Panchakarma und besteht aus einem Reinigungsprozess in drei Phasen: Vorbereitung, Ausscheidung und Verjüngung. In der ersten Phase werden Giftstoffe durch Ölmassagen und Erwärmung aus dem Gewebe entfernt. Im zweiten Schritt werden sie mit Hilfe kathartisch wirkender Heilkräuter aus dem Organismus ausgeschieden. In der letzten Phase nimmt man leicht verdauliche Lebensmittel und Kräuter zu sich, die verjüngen und das Energieniveau anheben.

Ähnlich kann man bei der Befreiung des menschlichen Herzens von toxischen Gefühlen vorgehen. Der erste Schritt besteht darin, ungesunde Gefühle zu lockern; im zweiten Schritt werden die beengenden Emotionen ausgewaschen. Im dritten Schritt lässt man sich von aufbauenden Gefühlen erfüllen.

Probieren Sie diese Übung aus. Schließen Sie die Augen, atmen Sie einige Male tief durch, und stimmen Sie sich dann auf die Empfindungen in Ihrem Körper ein. Sollten Sie Traurigkeit, Ärger oder Bedauern spüren, Angst oder Unklarheit, erlauben Sie sich, diese Gefühle bewusst wahrzunehmen, selbst wenn sie etwas unangenehm sind. Setzen Sie Ihren Atem ein, um in die Empfindungen hineinzuspüren. Sie wissen ja: Wenn Sie das Unbehagen fühlen, sind Sie auf dem besten Weg, es im nächsten Schritt loszulassen.

Ihre Emotionen prägen die Geschichten, die Sie von sich und Ihrem Leben erzählen. Es ist, als ob Sie einen Film ansehen: Registrieren Sie die Gelegenheiten, bei denen Ihre Bedürfnisse nicht erfüllt wurden. Beachten Sie, wie die kürzer zurückliegenden Gefühle die früher erlebten Emotionen überlagern. Folgen Sie dem roten Faden, der die Geschichte Ihrer Gefühle zusammenhält. Eine verkürzte Geschichte sieht dann vielleicht so aus:

Im Alter von	passierte diese leidvolle Sache	Ich konnte nicht mein Bedürfnis erfüllen nach	gefühlt habe ich dabei
32	erfuhr ich, dass mein Partner eine Affäre hatte	Loyalität, Hingabe	Wut, Verzweiflung
Das erinnert mich an die Zeit im Alter von			
17	meine beste Freundin ging mit jemand anderem aus	Nähe, Vertrauen	Ärger, Beschämung
Das erinnert mich an die Zeit im Alter von			
12	verließ mein Vater meine Mutter	Sicherheit, Stabilität	Angst, Verwunderung
Das erinnert mich an die Zeit im Alter von			
6	starb meine Großmutter	Angenommen-Sein, Verständnis	Trauer, Einsamkeit

Der erste Schritt für eine emotionale Entgiftung besteht darin, Emotionen bewusst wahrzunehmen. Um etwas Belastendes oder Vergiftendes loslassen zu können, müssen Sie erst einmal wissen, was Sie einschränkt.

Um ohne Sünde zu sein, werfen Sie den ersten Stein

In der zweiten Phase lassen Sie ungute, „giftige" Gefühle bewusst los und „scheiden sie aus". Wenn wir Widerstände und Groll in uns festhalten, so schadet dies viel mehr uns selbst als dem vermeintlichen Übeltäter, gegen den sich diese Gefühle richten. Die Zeit, Aufmerksamkeit und Energie, die wir mit emotionalen Grübeleien verbringen, die uns Energie entziehen, stehen für lebensbejahende Entscheidungen und Handlungen dann nicht mehr zur Verfügung. Ich schlage Ihnen eine Übung vor, um Ihr Herz zu entgiften:

Begeben Sie sich auf einen Pilgerweg zu einem nicht überlaufenen Ort, am Besten in der Natur, zum Beispiel am Meer, einem See, in den Bergen, am Waldrand. Gehen Sie mit der Absicht dorthin, belastende Gefühle loszulassen. Nehmen Sie ein Objekt, ein Foto oder einen Gegenstand mit, der mit der Emotion zu tun hat, von der Sie sich lösen wollen. Wenn Sie an Ihrem persönlichen Wallfahrtsort angekommen sind, dann sammeln Sie dort einen kleinen Haufen Steine, die während des Rituals der emotionalen Lösung gebraucht werden.

Setzen Sie sich still hin und schließen Sie die Augen. Lenken Sie Ihr Bewusstsein auf Ihr Herz und rufen Sie sich die Situation in Erinnerung, die die unguten Gefühle erzeugt hat, von denen Sie sich jetzt lösen möchten. Versuchen Sie, das Erlebnis in einige wenige Worte oder wenige kurze Sätze zu fassen. Wenn Sie zum Beispiel gerade erfahren haben, dass Ihr Partner eine Liebschaft hat, können Sie Ihre Gedanken und Empfindungen zusammenfassen zu 1. einem tiefen Gefühl, betrogen worden zu sein; 2. beschämtem Ärger, weil Sie entsprechende Warnzeichen nicht beachtet haben; und 3. Schuldgefühlen, dass Ihnen finanzielle Sicherheit wichtiger war als echtes Verständnis und Vertrauen.

Schreiben Sie mit einem Filzstift jede kurze Aussage auf jeweils einen der Steine. Halten Sie den Stein in der Hand, während Sie sich die Bilder, Gedanken und Emotionen ins Bewusstsein rufen, die von der jeweiligen Aussage umschrieben werden. Stellen Sie sich selbst die Frage: „Bin ich bereit, diese Einschränkung loszulassen?" Wenn die Antwort „Ja" ist, konzentrieren Sie Ihre Aufmerksamkeit darauf, die Blockade oder Stauung loszulassen. Mit der klaren und festen Absicht, sich davon zu lösen, werfen Sie den Stein nun von sich fort. Schreien Sie jedes Mal aus der Tiefe Ihres Seins, wenn Sie einen Stein fortwerfen. Fluchen Sie, schreien Sie, machen Sie die Geräusche, die für Sie richtig sind: Erlauben Sie sich, Angst und Zorn Ausdruck zu geben, die Sie bisher in Ihrem Herzen getragen haben.

Fahren Sie damit fort, in Ihnen aufgestaute Verletzungen, Enttäuschungen und Bedauern zu benennen und symbolisch mit den Steinen fortzuwerfen, bis Sie sich erschöpft fühlen. Mit jeder Lösung wird eine Welle machtvoller Gefühle an die Oberfläche gelangen. Lassen Sie diese Emotionen hochkommen und geben Sie sie ab, ohne dabei sich oder anderen Schaden zuzufügen.

Emotionale Verjüngung

Vergebung ist ein hoch wirksames heilendes Gefühl. Der nächste Schritt ist die emotionale Entgiftung, denn die losgelassenen schmerzlichen Emotionen müssen durch aufbauende und nährende Emotionen ersetzt werden.

Schließen Sie die Augen und entspannen Sie sich. Bringen Sie Ihr Bewusstsein in Ihr Herz. Spüren Sie die feinen Empfindungen Ihres Herzens und fragen Sie sich, ob Sie dazu bereit sind, Ihren Groll und Ihre Verletzungen durch Vergebung zu ersetzen. Wenn die Antwort „Ja" ist, stellen Sie sich die folgenden Fragen:

Was ist notwendig, damit ich den Schmerz vergeben kann, den ich aufgrund der Worte bzw. Handlungen von ... erlitten habe?

Was ist erforderlich, damit ich mir selbst dafür vergebe, dass ich einen anderen Menschen verletzt habe?

Wie kann ich mir dafür vergeben, dass ich mich selbst verletzt habe?

Wenn Sie auf diese Fragen antworten, ist es wichtig, darauf zu achten, dass wir überlegen, was wir selbst tun können – nicht, was ein anderer Mensch tun könnte. Wir können nicht die Gedanken, Überzeugungen oder Gefühle anderer Menschen kontrollieren. Wir können unsere Empfindungen ausdrücken und den anderen Menschen um eine bestimmte Einstellung oder Handlung bitten, dürfen jedoch unsere Vergebung nicht von dessen Reaktion abhängig machen.

Als Johns Vater unerwartet an einem Herzanfall starb, traf John Vorkehrungen, um sofort nach Hause zu fahren. Obwohl er seit Jahren keinen engen Kontakt mehr mit seiner Familie gepflegt hatte, war er nicht auf die feindselige Haltung seiner älteren Schwester ihm gegenüber vorbereitet. Sie beschuldigte ihn, dazu beigetragen zu haben, dass das Herz des Vaters gebrochen sei, weil John seinen Vater nicht häufiger besucht hatte. Zusätzlich zum Verlust des Vaters fühlte sich John tief traurig aufgrund der beißenden Kommentare seiner Schwester. Er fuhr kurz nach dem Begräbnis wieder fort, aber seine Gefühle nagten an ihm, sodass er Schwierigkeiten hatte, sich auf seine Arbeit zu konzentrieren.

Als er zu mir kam und sich über Schlaflosigkeit und Erschöpfung beklagte, wurde rasch deutlich, dass John seinem Vater, seiner Schwester und sich selbst Vorwürfe machte wegen Dingen, die sie alle drei getan hatten oder versäumt hatten zu tun. Während er sich einer körperlichen Entgiftung unterzog, war er einverstanden, sich auch emotional zu entgiften.

John hörte auf sein Herz und erinnerte sich an zahlreiche verletzende Situationen, in denen sein Vater den Bedürfnissen seines Sohnes nicht entsprochen hatte. Dazu gehörte, dass der Vater betrunken zu Johns Abiturfeier erschienen war, dass er seine Zusage zurücknahm, Geld für die Anzahlung auf Johns Haus zu leihen, und dass der Vater Johns Mutter wegen seiner Sekretärin verlassen hatte. Jedes Mal hatte seine Schwester Partei für den Vater ergriffen und ihn zu entschuldigen versucht. John nahm den plötzlichen Tod seines Vaters als den letzten Akt in einem Trauerspiel rund um das Verlassenwerden wahr.

Die angesammelten Enttäuschungen führten dazu, dass Johns Herz von Trauer, Wut und einem Mangel an Selbstwert erfüllt war. Ich bat John, einen Brief an seinen Vater zu schreiben, in dem er seine Gefühle in den verschiedenen Situationen schilderte, die sich ihm so eingeprägt hatten. Nachdem er mehrere Tage damit zugebracht hatte, sich seine Schmerzen und Verletzungen ins Gedächtnis zu rufen, wanderte er an die Küste des Pazifiks und trug einen Haufen Steine zusammen. Im Laufe von zwei Stunden löste er sich von den belastenden Gefühlen und warf die Steine ins Meer. Dabei erlebte er eine emotionale Katharsis.

Am nächsten Tag war er in einer viel besseren Gemütsverfassung. Ich ermunterte ihn nun dazu, eine Geschichte zu schreiben, in der die Entscheidungs- und Handlungsweisen seines Vaters vom Standpunkt des Mitgefühls her beleuchtet würden. Er nahm sich auch dafür, das Leben seines Vaters aus dessen Perspektive zu verstehen, einige Tage Zeit. Er trug zusammen, was er von seinem Vater wusste: dass er bei Eltern aufwuchs, die Alkoholiker waren und sich scheiden ließen, als der Vater sieben Jahre alt war; dass die Mutter seines Vaters schnell wieder geheiratet hatte, einen Mann, der grausam und eifersüchtig war; dass der Wunsch seines Vaters, Pharmazie zu studieren, nie in Erfüllung ging, weil er zu Hause bleiben musste, um sich um seine kranke Mutter zu kümmern.

Während er sich auf die Enttäuschungen und Rückschläge einstimmte, die sein Vater erlebt hatte, spürte John Trauer und Mitgefühl für den Mann, dem er zuvor vor allem Abscheu und Wut entgegen gebracht hatte. Er war nun bereit zu vergeben und dann in seinem eigenen Leben weiter zu gehen.

Entscheiden Sie sich zu vergeben

Der letzte Schritt besteht darin, dass Sie eine Handlung ausführen, die Ihre Bereitschaft demonstriert, die Vergangenheit loszulassen und zu vergeben, um so eine neue Zukunft bauen zu können. Mögliche praktische Schritte sind ein Telefonat, das Sie führen, ein Brief, den Sie jemandem schreiben, oder ein Besuch bei einem Menschen, mit dem für Sie unangenehme Gefühle verbunden sind. Das bedeutet also, dass Sie zum Beispiel einen Brief an Ihren früheren Stiefvater schicken, in dem Sie die Übergriffe nennen, die stattgefunden haben, und zum Ausdruck bringen, wie sehr sein Verhalten Ihnen emotionales Leid gebracht hat. Oder es heißt, dass Sie einen früheren Freund anrufen, den Sie irgendwie verletzt haben, und sich jetzt dafür entschuldigen.

Im Judentum ist Jom Kippur, der Tag der Versöhnung, einer der höchsten Feiertage. Vierundzwanzig Stunden lang fasten praktizierende Juden und lassen ihre Verfehlungen des vergangenen Jahres Revue passieren. Nachdem sie die menschliche Neigung zu Verfehlungen erkannt haben, erneuern sie ihren festen Entschluss, von jetzt an nur noch Entscheidungen zu treffen und Handlungen auszuführen, die ihren Kernwerten entsprechen. Es gibt einen wunderschönen Spruch, der ungefähr so lautet: „Für Sünden wider Gott bringen Gebete, die während Jom Kippur gesprochen werden, Vergebung, aber für Sünden wider andere Menschen sind Gebete, die an Gott gerichtet werden, nicht ausreichend."

Um reinen Tisch zu machen, muss ein Mensch den Menschen, den er verletzt hat, direkt um Vergebung bitten. Das verlangt die Bereitschaft, auch verletzlich zu sein und sich ohne Abwehr anzuhören, wie das eigene Verhalten auf das Leben eines anderen Menschen gewirkt hat.

Geben Sie Ihr Bestes

Leben ist ein evolutionärer Prozess. Wir sind hier, um Erfahrungen zu sammeln, zu lernen und zu wachsen. Wenn es uns nicht möglich wäre, auf frühere Zeiten zurückzublicken und zu denken „Wenn ich damals nur schon gewusst hätte, was ich heute weiß", würden wir unsere Zeit auf der Erde verschwenden. Wenn wir hingegen die Folgen unserer früheren Entscheidungen besser verstehen, werden wir in Zukunft bessere Entscheidungen treffen.

Ein vierjähriges Kind, das Milch verschüttet, während es sie aus dem Karton in die Tasse zu gießen versucht, gibt sein Bestes. Ein Fahranfänger, der die Stoßstange verbeult, tut sein Bestes. Der Inhaber eines kleinen Ladens, der einen kostspieligen geschäftlichen Fehler macht, hat sein Bestes gegeben. Die Folgen mögen erschütternd sein, und doch lässt sich eine unabsichtliche Verfehlung meist leichter vergeben als eine, von der wir glauben, dass sie bewusst geschehen ist.

Die Herausforderung, jemandem zu vergeben, ist viel größer, wenn wir glauben, dass eine Person uns absichtlich verletzt hat. Lügen, emotionale oder physische Übergriffe, Diebstahl, Ehebruch, Suchtverhalten – der Schmerz und die Wut, die solche Verhaltensweisen auslösen, sind schwieriger loszulassen, weil wir Absicht und Unverantwortlichkeit dahinter vermuten. Und doch besteht die Übung der Vergebung gerade darin, sich zu erinnern, dass jeder Mensch vor dem Hintergrund seiner persönlichen Lebensgeschichte und im Rahmen seiner emotionalen Möglichkeiten sein Bestes tut.

Menschen sind für ihre Handlungen verantwortlich. Vergebung bedeutet nicht, dass wir tolerieren sollen, dass Diebe stehlen, Teenager lügen oder Partner fremdgehen. Wir können ganz anderer Meinung sein als sie und brauchen ihr Verhalten nicht zu dulden, können aber dennoch Verständnis aufbringen für diese Verfehlungen im Zusammenhang mit Unreife, Unfähigkeit oder eingeschränktem Bewusstsein.

Jeder von uns hat schon einmal oder mehrfach kurzsichtige, eigensüchtige Interessen verfolgt, was zu unangenehmen Konsequenzen führte. Vergebung und die damit verbundene Freiheit werden am stärksten durch Verständnis dafür gefördert, dass andere Menschen die gleichen Schwächen haben wie man selbst.

Entscheiden Sie, sich zu verändern und zu verbessern

Wenn ich jemanden aufgrund einer falschen Entscheidung verletzt habe und ihn um Vergebung bitte, muss ich bereit sein, die Verantwortung für mein Verhalten und die Folgen zu übernehmen. Wenn ich diese Verantwortung annehme, entscheide ich mich gleichzeitig dafür, in ähnlichen künftigen Situationen eine andere Verhaltensweise zu wählen.

Wenn Sie wissen, dass Sie aggressiv werden, wenn Sie Alkohol getrunken haben, funktioniert die Bitte um Vergebung für ein verletzendes Verhalten unter Alkoholeinfluss nur dann, wenn Sie sich zugleich entscheiden, therapeutische Hilfe für Ihre Alkoholabhängigkeit zu suchen. Wenn Ihr Teenager zweimal ein Strafmandat für zu schnelles Fahren im letzten Vierteljahr kassiert hat, dann bedeutet seine Bitte um Vergebung gleichzeitig, dass er bereit ist, sein Fahrverhalten grundlegend zu ändern. Vergebung übt dann eine heilende und transformierende Kraft aus, wenn sie von der Selbstverpflichtung begleitet wird, von nun an bewusster zu leben.

Wenn Sie Mühe damit haben, sich selbst irgendein Fehlverhalten zu vergeben, dann treffen Sie die Entscheidung, einen freiwilligen bzw. ehrenamtlichen Dienst zu erweisen, der in gewisser Weise Ihr Verhalten ausgleicht. Melden Sie sich beim Obdachlosenheim zum Küchendienst, geben Sie einem Wohlfahrtsverband eine Spende oder werfen Sie dem nächsten Bettler oder Musiker an der Ecke einige Münzen in den Hut. Widmen Sie sich ganz bewusst bestimmten Diensten; dann wird Vergebung und Selbstvergebung an die Stelle Ihrer Selbstvorwürfe treten.

Tägliche Vergebung

Vergebung ist ein wesentliches Element der spirituellen Praxis. Ich empfehle Ihnen, dass Sie jeden Abend vor dem Schlafengehen Bilanz über Ihren Tag ziehen. Fangen Sie damit an, etwa zehn Minuten lang eine meditative Übung durchzuführen, mit einem Mantra oder indem Sie Ihren Atem beobachten. Anschließend lassen Sie sich alle Ihre Erlebnisse von der Zeit des Aufwachens bis jetzt durch den Kopf gehen. Während Sie sozusagen das Videoband Ihres Tages vor Ihrem inneren Auge ablaufen lassen, achten Sie darauf, ob Ihr Körper dabei irgendwelche Anzeichen von Unbehagen signalisiert, die darauf hindeuten, dass in dieser oder jener Angelegenheit nicht alles so verlaufen ist, wie Sie es sich vorgestellt hatten. Achten Sie auf Ihre Reaktion im Hinblick auf diese Situation und prüfen Sie, ob Sie Ihre Sichtweise verändern können. Das kann zum Beispiel vor dem Hintergrund von neuen Informationen erfolgen, die Sie später am Tag bekommen haben oder weil Sie nun in der Rückschau feststellen, dass Sie zerstreut waren oder mit Sorgen belastet.

Diese Übung bietet Ihnen Gelegenheiten, Vergebung zu praktizieren. Schauen Sie sich Ihre Verhaltensmuster an und überlegen Sie, warum Sie sich so oder so verhalten. Dann fragen Sie sich, was Sie unternehmen können, um die Dinge zu verbessern und die Vergebung zu erlangen, die Sie anstreben.

Während Sie Ihren Tag Revue passieren lassen, erinnern Sie sich vielleicht an eine heftige Auseinandersetzung mit einem Kollegen. Als Sie einen Kunden ansprachen, erfuhren Sie, dass eine Kollegin bereits Kontakt mit ihm aufgenommen hatte. Das war Ihnen peinlich und Sie haben Ihre Kollegin, die Ihnen anscheinend in die Quere gekommen war, damit konfrontiert und ihr vorgeworfen, Ihnen den Kunden abspenstig machen zu wollen. Sie antwortete, dass der Kunde zu ihr durchgestellt worden sei und nachdem sie gemerkt habe, dass er in Ihren Bereich fällt, habe sie Ihnen eine E-Mail mit den Kundeninformationen geschickt. Als Sie später Ihre E-Mails gelesen haben, merkten Sie, dass Sie Ihre Kollegin grundlos angeschuldigt hatten, aber sie war da schon nach Hause gegangen.

Jetzt haben Sie eine Gelegenheit, Vergebung zu üben. Nehmen Sie sich einige Minuten lang Zeit, um Ihren Geist zur Ruhe kommen zu lassen, und gehen Sie dann noch einmal durch, was eigentlich passiert ist. Stellen Sie fest, welche Gefühle aufgrund Ihrer Deutung des Vorfalls erzeugt wurden. Schauen Sie sich an, ob dahinter ein Muster steckt.

Wenn dies der Fall sein sollte, überlegen Sie, warum Sie dazu neigen, so zu reagieren. Dann fragen Sie sich, was Sie unternehmen können, um die Sache auszubügeln, und nehmen Sie die Vergebung an, die Sie suchen. In diesem Fall geht es vielleicht nur darum, eine ehrlich gemeinte Entschuldigung hervorzubringen und die Kollegin zum Mittagessen einzuladen.

Vergeben Sie das, was man nicht vergeben kann

Es wird Zeiten geben, wo Sie keine Möglichkeit haben, einem anderen zu vergeben oder Vergebung zu erlangen. Die Person ist verzogen oder vielleicht verstorben. Wenn das der Fall ist, ist es besonders wichtig, Enttäuschungen und Groll, die noch in Ihnen stecken, aufzugeben, weil Sie kein äußeres Ereignis von Ihren einengenden Emotionen befreien wird.

Wenn Sie jemandem, der Sie verletzt hat, die Vergebung bisher vorenthalten haben, so wenden Sie ein Ritual an, um Ihr Herz zu klären und zu lösen. Dann entscheiden Sie sich, sich nur auf Beziehungen einzulassen, die nährend sind und in denen Sie nicht wieder Opfer von Übergriffsmustern werden.

Wenn Sie auf Vergebung von einer Person gehofft haben, die Sie verletzt haben, dann gestehen Sie sich selbst zu, dass Sie damals aus Ihrer Sicht das Bestmögliche getan haben. Und entscheiden Sie sich nun für Worte und Handlungen, die das Leben fördern und stärken und nicht belasten oder schädigen. Das Leben ist zu kurz, um die Last eines schweren Herzens zu tragen. Das dient weder Ihnen noch irgendjemand anderem.

Machen Sie sich leichter

Ein ägyptischer Mythos besagt, dass die Seele einer verstorbenen Person in eine Ebene reist, in der ihr Leben geprüft wird. Das innerste Wesen des Menschen wird vor den Gott Anubis gebracht, der eine Waage überwacht. In einer Waagschale liegt die Feder der Wahrheit, in die andere legt Anubis das Astralherz des Verstorbenen. Wenn das Herz leichter ist als die Feder, dann ist die Seele der Person befreit. Wenn das Herz jedoch schwerer als die Feder der Wahrheit wiegt, weil es von Bedauern, Anklagen, Unzufriedenheit, Feindseligkeit und Reue erfüllt ist, dann wird die Seele zum „Recycling" geschickt, also in ein erneutes Leben. Die Moral dieser mythischen Anschauung ist, sich selbst leichter zu nehmen.

Selbstmitleid ist nichts anderes als eine Verkleidung für die Meinung, dass man selbst besonders wichtig sei. Wenn man an „ollen Gefühlskamellen" festhält, dann vergeudet man einen Teil seiner Vitalität und hindert sich selbst daran, die Gaben anzunehmen, die einem jetzt angeboten werden. Befreien Sie sich mit Hilfe der Macht der Vergebung und des Mitgefühls.

Ich demonstriere meine Entscheidung für Vergebung, indem ich:

1. auf mein Herz höre und es einsetze, um zu erkennen, wo Vergebung nötig ist;
2. mein Leben täglich Revue passieren lasse und Schritte unternehme, um Ärger, Groll und Ressentiments zu lösen, die sich in mir vielleicht aufgebaut haben;
3. Verantwortung für meine Entscheidungen übernehme, ohne mich selbst zu ernst zu nehmen.

Die Siebente Entscheidung

Ich entscheide mich für Liebe

Du sollst nicht ehebrechen.
– Exodus 20:14

Deine Seele und meine Seele saßen einst gemeinsam
auf dem Schoß des Geliebten (Gottes)
und spielten mit ihren Füßen.
Deine Seele und meine Seele sind sehr, sehr alte Freunde.
– Hafiz

Das menschliche Herz sehnt sich nach Liebe, weil Liebe unser Selbst öffnet und weitet. Liebe ist eine Feier der Einheit und eine Freude an unserer grundlegenden Verbundenheit miteinander. Liebe ist der Weg zur Befreiung aus Isolation und Entfremdung.

Liebe kommt in den verschiedenen Lebensstadien auf unterschiedliche Weise zum Ausdruck.

Als Kleinkinder ist für uns Liebe, lange bevor wir das Wort sagen können, gleichbedeutend mit der Mutter. Mit der Erkenntnis der Individualität geht ein Gefühl des Getrenntseins einher. Die Mutter öffnet uns vom „ich" für das „wir" und vom „mein" für das „unser". Ohne sie sind wir verwundbar, isoliert und hilflos. In ihrer Gegenwart lösen sich Hungergefühle in Sättigung auf, Angst in Sicherheit und Unwohlsein in Erleichterung. In den Armen der Mutter fühlen wir uns nicht mehr unbedeutend und nebensächlich, sondern wichtig und wesentlich. So wirkt die Kraft der Liebe in diesem Stadium.

Als Kinder übertragen wir diese Gefühle auf Dinge, die unseren Selbstwert erhöhen. Unsere Lieblingssachen – eine weiche Decke, eine Puppe, ein Spielzeugauto, ein Teddybär – helfen uns, unsere Fähigkeit zu stärken, die Umgebung zu beeinflussen. Wir empfinden Liebe für die Requisiten, denen wir Kraft zusprechen, weil wir selbst uns dadurch größer und bedeutender fühlen. Wie unsere Mutter vermögen diese flüchtigen Dinge, dass wir uns in einer riesigen und einschüchternden Welt sicherer, weniger angreifbar und kraftvoller fühlen.

Als Jugendliche verlieben wir uns in Personen. Wir verbinden und identifizieren uns mit einem Lieblingslehrer, einem Schulkameraden, einem Fernsehstar oder einem Schauspieler, wodurch sich unser Selbstgefühl ausdehnt. Wir lieben den Kunstlehrer oder den Rocksänger, weil wir uns durch sie größer fühlen als ohne sie.

In diesem Stadium des Lebens lernen wir auch Lektionen darüber, was passiert, wenn das Selbstgefühl, das sich aufgrund der Beziehung zu einem anderen Menschen ausgedehnt hat, wieder in sich zusammenfällt. Als Mädchen haben Sie sich vielleicht ganz toll gefühlt, wenn ein Junge Sie zu einer Party einlud, und waren dann total enttäuscht, als er die Verabredung absagte und ein anderes Mädchen einlud. Als Junge waren Sie unter Umständen ganz stolz, als Sie beim Fußball mit den Nachbarjungs mitspielen durften, und völlig enttäuscht, als sie beim zweiten Spiel nicht mehr eingeladen wurden.

Als Erwachsene sind wir weiter auf der Suche nach einer Ausweitung unseres Selbst über Stellung, Besitz und Beziehungen. Wir lieben unsere Arbeit, ein Haus oder einen anderen Menschen, weil wir durch die Verbindung mit dem Objekt der Liebe unser Selbst anwachsen sehen. Als Erwachsene müssen wir die Fähigkeit ausbilden, die verschiedenen Lebensbereiche, die unser Selbst stärken, miteinander in Einklang zu bringen. Konflikte tauchen auf, wenn ein Bereich, dem wir gern mehr Aufmerksamkeit schenken würden, mit einem anderen in Konkurrenz steht. Das ist zum Beispiel der Fall, wenn unsere Vorliebe für das Reisen gegen unsere Arbeit steht, oder unsere Liebe zur Arbeit im Wettbewerb mit der Liebe zu unserer Familie. Wenn wir richtig damit umgehen, wird unser Spielfeld größer; wenn wir nicht aufpassen, wird unser Bewegungsspielraum eingeschränkt.

Bewusst lieben

Menschen leben auf vielen Ebenen gleichzeitig. Wir sind körperliche Wesen, die mit den Kräften der materiellen Welt zu tun haben. Wir sind emotionale Wesen, die ihre Identität finden und verwirklichen wollen. Wir sind spirituelle Wesen, die versuchen, das Unbekannte und das Nichtwissbare zu erforschen.

Liebe drückt sich physisch durch Zärtlichkeit und Sexualität aus. Sexualität wird vom Drang nach biologischer Zeugung getrieben, die vielleicht die stärkste Kraft der Welt ist. Während des Liebesaktes ist die Vergangenheit vergessen, die Zukunft wird losgelassen und der gegenwärtige Augenblick wird zu unserem Ein und Alles. Die Grenzen zwischen Selbst und Nicht-Selbst verschwimmen in dem Maße, wie der Verstand still wird und man sich auf die Empfindungen und Klänge, auf den Geschmack und den Duft der sexuellen Erfahrung einlässt.

Entschieden Sie sich dafür, bewusst zu lieben. Wenn Sie Liebe körperlich ausdrücken, dann lassen Sie es durch Ihren Liebesakt zu einer Öffnung Ihres Selbst kommen, die so weit geht, dass Sie erkunden, wo Sie enden und wo Ihr Partner bzw. Ihre Partnerin beginnt. Feiern Sie Ihre kreative Kraft, erlauben Sie ihr, dass Sie beide in das Bewusstsein der reinen Gegenwart gelangen, wo Zeit und Raum Sie nicht mehr beherrschen.

Sexuelle Energie ist machtvoll, und wie jede große Kraft kann sie kreativ oder destruktiv benutzt werden. Das Gebot, keinen Ehebruch zu begehen, gründet sich auf dem Wissen, dass Sexualität aufgrund ihrer Natur sowohl Grenzen ausdehnen als auch Grenzen sprengen kann. In den meisten Beziehungen verstärkt die Kraft der Sexualität die Intimität im Rahmen einer verbindlichen Entscheidung füreinander und schwächt die Nähe, wo es keine solche Entscheidung füreinander gibt.

Wenn sexuelle Grenzen überschritten werden, obwohl einer oder beide Personen in einer verbindlichen Partnerschaft mit anderen sind, ist oft Täuschung im Spiel, die emotionale Turbulenzen verursacht. Um dieses Verhalten zu rationalisieren, werden untreue Personen häufig zunehmend kritisch gegenüber ihren Partnern und der Frieden aller Beteiligten wird gestört.

Anstatt Sexualität als eine Moralfrage anzusehen, sollten Sie sie als eine Gelegenheit betrachten, um Ihre kreative Energie auf eine intime Verbindung mit einem anderen Menschen zu richten. Sex ist vor allem Fantasie. Vielleicht können Sie die Leidenschaft in Ihrer Intimbeziehung wieder entfachen und Freiheit und Frieden stärken, anstatt Unordnung und Auseinandersetzungen mehr Raum zu geben. Wenn eine Beziehung trotz Ihrer besten Bemühungen, diese zu heilen und zu transformieren, weiterhin eine Belastung und Leiden für Sie und Ihren Partner bzw. Ihre Partnerin bedeutet, dann nehmen Sie sich eine „Auszeit", damit beide mehr Klarheit gewinnen können. Treffen Sie danach die Entscheidung, von der Sie glauben, dass sie Ihnen am wahrscheinlichsten mehr Frieden, Wohlbefinden und Liebe ins Leben bringt.

Ich liebe dich, weil du meine Bedürfnisse erfüllst

Wenn Ihr Bewusstsein der Raum ist, in dem Sie Liebe erfahren, dann wird sich die Liebe für Sie in Erinnerungen und Träumen, Gedanken und Überzeugungen, Ängsten und Fantasien mit jenen Menschen offenbaren, bei denen Sie sich sicher fühlen. Es ist eines der großen Paradoxe im Leben, dass wir so viel Energie in unser Selbstbild und unser Image investieren in der Hoffnung, dass wir damit jemanden anziehen, der uns bedingungslos liebt. Wir erwerben uns Machtpositionen und Statusobjekte, um jene Personen zu finden, die uns trotz Stellung und Besitz lieben. Wir streben danach, körperlich fit zu sein und uns modisch zu kleiden, damit wir Menschen anziehen, die uns lieben und dabei durch unsere Verpackung hindurch sehen.

Liebe zwischen Menschen ist auch ein Vertrag, in dem es um die Erfüllung von Bedürfnissen geht. Letztlich verpflichten wir uns, in guten wie in schlechten Zeiten für den anderen da zu sein, und umgekehrt. Liebe ist eine verbindliche Entscheidung dafür, unseren Lieben zu helfen, ihre verletzten Grenzen zu heilen, während wir gleichzeitig ihre Grenzenlosigkeit annehmen.

Entscheiden Sie sich, bewusst und klar Ihre Bedürfnisse zu kommunizieren und auf die Bedürfnisse der Menschen zu achten, die Ihnen lieb sind. Das ist der höchste Ausdruck persönlicher Liebe. Sie werden mehr liebevolle Beziehungen gestalten können, wenn Sie die Verantwortung für Ihre Gefühle übernehmen, wenn Sie Ihre Bedürfnisse benennen und wenn Sie um das bitten, was Sie brauchen, anstatt zu erwarten, dass ein anderer Mensch ein Hellseher ist und weiß, was Sie wollen oder erwarten.

Als Kinder erwarten wir von den Menschen, die sich um uns kümmern, dass sie wissen, was wir brauchen und sie es uns geben, ohne dass wir darum bitten müssen. Ein Weinen oder ein Schrei ist für ein Kleinkind genug, damit es bekommt, was es möchte, aber für einen Erwachsenen ist diese Art der Kommunikation nicht so ratsam. Ich baue gern auf der Arbeit des amerikanischen Psychologen Marshall Rosenberg auf, der wichtige neue Einblicke eröffnet hat, und möchte Sie zu folgenden Schritten einer bewussten Kommunikation in all Ihren Beziehungen ermuntern:

1. Vermeiden Sie die Neigung, Muster aus Ihrer Vergangenheit auf die gegenwärtige Situation anzuwenden.

Der evolutionsgeschichtlich uralte Bereich des menschlichen Geistes ist so gebaut, dass er jetzt stattfindende Erfahrungen in alte Muster einzuordnen versucht. In einer feindlichen Umwelt ist es besser, auf eine Bedrohung überzureagieren als fälschlich anzunehmen, dass keine Gefahr besteht. Verhaltensmuster, die in einer Umgebung sinnvoll sind, nützen aber vielleicht in einer anderen nicht sehr viel. Die Evolution belohnt die Lebewesen, die sich an Veränderungen der Umstände anpassen können.

Im modernen Leben wird eher ein emotionaler Konflikt den Frieden stören als eine körperliche Gefahr. Wenn wir der Neigung aus dem Weg gehen, allen Vorkommnissen sofort ein Etikett aufzukleben, dann haben wir den Weg zu emotionaler Freiheit eingeschlagen.

Wenn Ihr Partner bzw. Ihre Partnerin das Geschirr im Küchenbecken stehen oder die Kleider am Boden liegen lässt, widerstehen Sie der Versuchung, das mit den Worten „Du räumst nie auf" oder „Du behandelst mich immer wie deine/n Diener/in" zu kommentieren. Wenn Ihre Schwester zu spät zum Mittagessen kommt, vermeiden Sie, ihr zu sagen, dass sie „hoffnungslos egozentrisch" ist oder „nie die Zeiten eines anderen respektiert". Drücken Sie vielmehr so genau wie möglich aus, was Sie gestört hat: Geschirr, das man zum Mittagessen braucht, bleibt dreckig im Becken stehen; Socken, die vor zwei Tagen ausgezogen wurden, liegen immer noch unter dem Bett; jetzt ist es halb Eins und die Verabredung war für 12 Uhr ausgemacht. Wenn Sie bei dem bleiben, was jetzt tatsächlich passiert, gewinnen Sie die Kraft, den Konflikt direkter zu lösen, ohne aufgestaute Ressentiments von früher auszugraben.

2. Unterscheiden Sie Ihre Gefühle von Ihren Glaubensüberzeugungen und Deutungen.

Immer wenn Sie das Wort „dass" im Anschluss an das Wort „fühlen" verwenden, bringen Sie höchstwahrscheinlich ein Glaubensmuster zum Ausdruck, aber keine Empfindung. Zum Beispiel: „Ich fühle, *dass* du mich nicht respektierst" oder „Ich fühle, *dass* dir die Leute im Büro wichtiger sind als deine Familie".

Machen Sie sich Ihre Tendenz bewusst, wie Sie die Absichten anderer Menschen deuten und darauf reagieren. Zum Beispiel: „Ich fühle, dass du mich ausnutzt" oder „Ich fühle, dass du mich für selbstverständlich hältst". Wenn Sie sich einer Sprache bedienen, die eine Opfersituation beschreibt, stellen Sie sich damit selbst in eine emotionale Ecke hinein, aus der es keinen anderen Ausweg gibt, als dass die anderen Menschen ihr Verhalten ändern. Wenn Sie sich entscheiden, sich als „manipuliert" zu empfinden, als „betrogen" oder „vernachlässigt", dann kann es Ihnen nicht gut gehen, bevor der andere aufhört, Sie zu manipulieren, zu betrügen oder zu vernachlässigen.

3. Lassen Sie Verletzlichkeit zu, um Ihre Bedürfnisse zu erfüllen.

Wenn sie ihre Gefühle beschreiben, haben Menschen oft Angst, dabei auch das Unbehagen auszudrücken, das sie spüren. Wenn Sie indes bereit sind zu akzeptieren, dass Ihre Gefühle eben Ihre Gefühle sind, wird die Benennung dieser Gefühle zu einer Quelle der Information für Ihre Umgebung.

Üben Sie, Ihrem inneren Zustand Ausdruck zu verleihen, indem Sie sagen „Ich fühle mich traurig, ich bin eifersüchtig, ich spüre eine Leere." Das sind zwar alles keine schönen Gefühle, über die man gern spricht, aber Sie sagen damit etwas über sich selbst aus und machen keinen anderen für Ihre Gefühle verantwortlich.

Sicher ist Ihnen der feine und zugleich tief greifende Unterschied zwischen den Aussagen „Ich fühle mich verunsichert“ und „Ich finde, dass du mich vernachlässigst“ bewusst. Mit der ersten Aussage teilen Sie etwas über Ihren Gemütszustand mit, mit der zweiten schieben Sie einem anderen die Verantwortung zu. Geben Sie einer Ausdrucksweise, die Ihrer Bereitschaft, sich zu Ihren Gefühlen zu bekennen, den Vorzug, anstatt die Verantwortung woanders zu suchen.

4. Akzeptieren Sie Ihre Verantwortung dafür, dass Sie klar benennen, was Sie brauchen und nicht bekommen.

Die meisten Probleme in Beziehungen entstehen, wenn Menschen nicht die Zuneigung, Aufmerksamkeit, Wertschätzung und Akzeptanz bekommen, die sie brauchen. Je deutlicher Sie definieren können, was Ihnen fehlt, desto leichter können Sie es anderen mitteilen.

Zuneigung und Zärtlichkeit äußern sich durch liebevolle Berührung. Wir als Säugetiere festigen unsere Physiologie durch Berühren. Berührung hilft, den Blutdruck zu senken, sie stärkt das Immunsystem und erzeugt natürliche Schmerzmittel. Liebevoller Körperkontakt vermindert unmittelbar Angst und Entfremdungsgefühle.

Aufmerksamkeit wird über Augenkontakt zum Ausdruck gebracht. Den meisten Menschen ist es unangenehm, anderen länger als einen kurzen Moment direkt in die Augen zu sehen, weil sie sich dadurch verwundbar fühlen. Wenn wir direkten Augenkontakt aufnehmen, verbinden wir uns von Seele zu Seele. Augenkontakt gleicht auch die gesellschaftlichen Hierarchiestufen aus. Aus diesem Grund fühlen sich die meisten Erwachsenen bei dieser Form von intimer Nähe unwohl. Kleine Kinder, die noch nicht das Bedürfnis entwickelt haben, ihr Selbstbild oder ihren Rang in der Gesellschaft zu schützen, mögen dagegen gern den direkten Augenkontakt. Es gibt unter ihnen den spielerischen Wettbewerb, wer dem anderen länger in die Augen „starren“ kann. Wenn Sie jemandem Aufmerksamkeit schenken möchten, blicken Sie ihm bzw. ihr in die Augen.

Wertschätzung wird durch Worte und Taten zum Ausdruck gebracht, die zeigen, welchen Wert der andere Mensch für Ihr Leben hat. Benennen Sie, wie der andere Mensch Ihr Leben konkret bereichert hat, anstatt irgendwelche Standardfloskeln zu verwenden. Wenn zum Beispiel der Rat einer Freundin Sie dazu bewegt hat, positive Handlungen zu unternehmen, sagen Sie, auf welche Weise sie Ihnen das geholfen hat, etwas Bestimmtes zu tun, anstatt zu sagen: „Du bist so klug.“ Wenn wir unsere Wertschätzung bewusst zum Ausdruck bringen, fördern wir damit eine tiefer gehende Nähe, die auf Ebenbürtigkeit beruht.

Akzeptanz ist der natürliche Ausdruck eines inneren Dialogs, in dem das Bewusstsein der Einheit stärker ist als die Unterschiede. Je mehr Sie sowohl Ihr Licht als auch Ihr Dunkel akzeptieren, desto weniger werden Sie andere Menschen verurteilen. Wenn Sie auf nebensächliche Eigenschaften anderer Menschen heftig reagieren, sollten Sie sich fragen, was Ihnen das über Sie selbst sagt.

Jede Beziehung kann ein Spiegel sein, wenn wir bereit sind, ehrlich hineinzuschauen. Wenn wir unverhältnismäßig auf eine andere Person reagieren, dann liegt das meistens daran, dass sie uns etwas spiegelt, was wir in uns selbst nicht sehen möchten.

Wenn das, was Sie als ein zu lockeres Flirtverhalten Ihrer Freundin oder Ihres Freundes auf Partys wahrnehmen, Sie wirklich irritiert, dann könnte es sein, dass Sie auch gern offener für Begegnungen mit anderen Menschen wären, davor aber Angst haben. Wenn Sie feststellen, dass Sie viel über jemanden in Ihrer Firma nachdenken, den Sie für machthungrig halten, dann können Sie prüfen, ob Sie einen Aspekt Ihrer eigenen Persönlichkeit entdecken, der gern mehr Einfluss ausüben würde. Wenn Sie die vielfältigen Seiten Ihres Wesens besser kennen lernen, benennen und annehmen, dann hilft Ihnen das, auch andere Men-schen mit ihren Persönlichkeitsfacetten zu akzeptieren und so zu mehr Seelenfrieden zu finden.

Entscheiden Sie sich, großzügig mit Ihrer Zuneigung, Aufmerksamkeit, Wertschätzung und Akzeptanz zu sein, und Sie werden genau das Gleiche empfangen. Diese Ausdrucksformen menschlicher Liebe erfüllen unsere tiefsten Bedürfnisse.

5. Spüren Sie, dass es genauso wichtig ist, wie Sie Ihre Bedürfnisse kommunizieren wie das, was Sie sagen.

Bei den meisten Menschen ist die linke Gehirnhälfte zuständig für den Ausdruck und das Verständnis von Sprache. Die rechte Gehirnhälfte lässt uns den emotionalen Inhalt von Sprache ausdrücken und verstehen. Manche Psychologen schätzen, dass nur 20% der Kommunikation auf den Worten beruht, die wir sagen, und der Hauptteil von 80% der Information über den Tonfall, den Gesichtsausdruck und die Körpersprache übermittelt wird. Es ist nur ein schmaler Grat zwischen Sarkasmus oder Aufrichtigkeit, Kritik oder Anerkennung, Feindseligkeit oder Mitgefühl. Achten Sie darauf, wie Sie Ihre Bedürfnisse sowohl dadurch mitteilen, was Sie sagen, als auch dadurch, wie Sie es sagen. Je bewusster Sie in der Kommunikation sind, desto wahrscheinlicher werden Sie die angestrebte Wirkung auch erzielen.

6. Bitten Sie um das, was Sie brauchen.
Werden Sie sich darüber klar, welche Verhaltensweisen Ihre Bedürfnisse erfüllen. Sie sollten nicht unbedingt darauf beharren, dass Ihr Freund oder Ihre Freundin Ihnen mehr Aufmerksamkeit zollt, sondern könnten stattdessen vorschlagen, nach dem Abendessen einen Spaziergang zu machen. Anstatt zu fordern, dass Ihr Partner zärtlicher ist, können Sie ihn jetzt darum bitten, Sie einmal richtig fest in den Arm zu nehmen. Drohen Sie Ihrem Partner nicht, dass Sie beide pleite sein werden, wenn er nicht weniger Geld ausgibt, sondern setzen Sie sich zusammen, um ein Ausgabenbudget zu erstellen. Je spezifischer Sie Ihr Bedürfnis nach einem konkreten Verhalten zum Ausdruck bringen können, desto wahrscheinlicher werden Ihre Erwartungen erfüllt.

Ein Bedürfnis, das mit einer Drohung verbunden wird (wenn du nicht ..., dann werde ich ...), führt zu Unebenbürtigkeit in der Beziehung. Selbst wenn der andere Mensch Ihnen geben möchte, worum Sie bitten, fordert eine Drohung dieser Art doch zu Widerstand heraus. Wenn Sie indes Ihre Bedürfnisse überlegt zum Ausdruck bringen, dann fühlt sich der andere Mensch selbst gut dabei, Ihren Wünschen nachzukommen. Beziehungen, in denen beide Beteiligten darauf vertrauen können, dass ihre Bedürfnisse erfüllt werden, erzeugen Liebe. Werden Sie zu einem Meister bzw. einer Meisterin bewusster Kommunikation, und Sie werden zu einer Meisterin bzw. einem Meister der Liebe.

Heilige Liebe

Es fällt leicht zu erkennen, dass Sie Körper und Geist haben. Ihre Seele lässt sich aufgrund ihres Wesens nicht so leicht identifizieren. Sie ist das in Ihnen, was schweigend Ihre Erfahrungen und Entscheidungen beobachtet. Wenn

Sie diese Worte jetzt lesen, überlegen Sie einmal, ob Sie diese drei Schichten Ihres Seins feststellen können: Ihren Körper, Ihren Geist bzw. Verstand und jenes Feld der Bewusstheit, das wach und aufmerksam Ihre Gedanken, Gefühle und Erlebnisse registriert.

Wenn dieser „innere Beobachter" zu Ihrem Bezugspunkt im Leben wird, werden Ihnen die Gemeinsamkeiten zwischen Ihnen und den Menschen in Ihrer Umgebung deutlicher. Der Unterschied zwischen Ihren körperlichen Merkmalen und geistigen Überzeugungen sind dann weniger wichtig als das Prinzip des Bewusstseins, dass Sie mit allen anderen verbindet. Aus spiritueller Sicht besteht das Ziel der Liebe darin, sich im anderen zu sehen und umgekehrt. Dieser Zustand des Einheitsbewusstseins ist Ausdruck der Göttlichkeit der Menschheit.

Die meisten von uns verbringen ziemlich viel Zeit und Mühe damit, ihr Selbstbild durch ihre Stellung in der Gesellschaft und Ihren Besitz zu stärken. Sicher lohnt es sich, eine gute Arbeit zu bekommen und materielle Fülle zu erwerben, und doch wissen wir zugleich (oder spüren es zumindest), dass wir nicht unsere Position und unser Eigentum sind. In dem Maße, wie die Schichten unseres Selbstbildes durchlässiger und durchsichtiger werden, erkennen wir unser darunter existierendes Bewusstsein – unsere Seele – als die Essenz dessen, wer wir wirklich sind. Wenn wir dies bei in uns selbst erkennen, fällt es uns leichter, die Verkleidungen zu durchschauen, die andere angelegt haben.

Solange der innere Dialog sich vor allem um „Ich" und „mein" dreht, wird man Beziehungen als Möglichkeiten oder Quellen ansehen, um die eigenen Bedürfnisse zu erfüllen. Je weiter Sie sich über diese Grenzen hinaus öffnen, desto größer wird Ihr Selbst. Sie überlegen dann nicht mehr: „Was habe ich davon?", sondern fragen mit einem offenen Herzen: „Wie kann ich zu Frieden und Wohlbefinden für alle Beteiligten beitragen?"

Wenn Sie sich zentriert bzw. geerdet fühlen, offen und behaglich, dann beginnen die Türen Ihres Herzens sich zu öffnen. Liebe blüht in einem Klima der Sicherheit auf und es gibt keine größere Sicherheit als zu wissen, dass Ihr innerster Kern, Ihr wahres Wesen, nicht von Ihren Leistungen und Besitztümern abhängig ist. Sie sind es wert geliebt zu werden, einfach weil Sie existieren.

In der heiligen Liebe wird Ihr Leben weniger wie ein Laserstrahl und mehr wie Sonnenlicht. Wenn Sie sich in sich wohl, sicher und gut fühlen, hilft Ihre innere Zufriedenheit spontan und quasi von selbst, dass sich Menschen in Ihrer näheren Umgebung ebenfalls besser fühlen. Ihre Fähigkeit, sich mit anderen zu verbinden, fördert erfüllende Beziehungen auf allen Ebenen, da Ihre Neigung, alles und jeden ständig zu vergleichen und zu bewerten, stiller wird. Da Sie beginnen, sich selbst als einen Ausdruck des Heiligen zu sehen und zu spüren, fangen Sie auch an, andere Menschen so zu betrachten. Sie wissen, dass das menschliche Leben voller Prüfungen und Fährnisse ist, und deshalb entwickeln Sie mehr Mitgefühl für andere.

Mitgefühl ist der göttliche Ausdruck von Liebe. Natürlich wird man die Einzigartigkeit des Individuums achten und hoch einschätzen, und doch blickt ein mitfühlendes Herz durch alle Unterschiede hindurch und öffnet sich für die Einheit. Ein Herz, das von Mitgefühl erfüllt ist, sendet die Botschaft aus: „Ich erkenne dich. Ich kenne dich. Ich nehme dich an."

Innerer Frieden und Sicherheit sind die Früchte eines Lebens, das auf Mitgefühl beruht und in dem das eigene Wohlbefinden nicht davon abhängt, ob und wie sich die äußeren Gegebenheiten entsprechend vorher aufgestellter

Pläne entwickeln. Ein mitfühlendes Herz lebt in einem inneren Meer bedingungsloser Akzeptanz und wird daraus gespeist; es thront auf den Wellen der Liebe.

Liebe und Unsicherheit

Ihr Ego wägt laufend zwischen Risiko und Gewinn ab. Sie können an einem sicheren Ort bleiben, aber damit geben Sie die Chance auf, sich weiter zu öffnen und auszudehnen. Sie können ein Risiko eingehen und über Ihre üblichen Grenzen hinausgehen, aber damit begeben Sie sich außerhalb Ihrer bisherigen „Sicherheitszone". Das menschliche Herz ist meistens bereit, ein Risiko einzugehen, manchmal im Gegensatz zum Verstand, der üblicherweise wohl überlegtes Verhalten dem riskanten Streben nach Möglichkeiten vorzieht.

Wenn wir bereit sind, uns auf das Unbekannte einzulassen, gewinnen wir die größte Chance zur Persönlichkeitsentwicklung und provozieren gleichzeitig unsere größten Ängste. Liebe führt uns aus dem üblichen, planbaren weltlichen Getriebe heraus und hinein in das Reich des Magischen und Wunderbaren. Wenn Sie sich verlieben, werden Sie zu einem anderen Menschen. Vielleicht verändern Sie Ihre Frisur, kaufen sich neue Kleidung und hören andere Musik als bisher. Unter dem Zauber der Liebe schreiben Sie, der bisher nie getanzt hat, sich plötzlich für einen Tangokurs ein. Sie, die Sie nie Segelboote mochten, fahren plötzlich mit Freude die Küste entlang. Sie mochten bislang klassische Musik überhaupt nicht und gehen jetzt gern mit Ihrem Partner bzw. Ihrer Partnerin ins Konzert. Liebe macht unser Selbst größer, und es kehrt, wenn es einmal eine solche Öffnung und Weite erfahren hat, nie mehr in seine frühere Kleinheit zurück.

Wenn Sie Ihre Seele als inneren Referenzpunkt nehmen anstatt Ihres Egos, dann können Sie das Bedürfnis aufgeben, alles kontrollieren zu wollen und sind stattdessen bereit anzunehmen, was Ihnen das Leben anbietet. Dieser innere Dialog des Annehmens bildet die Grundlage für ein Leben, das auf Liebe beruht, und ein auf Liebe basierendes Leben ist die Voraussetzung dafür, das Leben so anzunehmen, wie es ist.

Ein Leben, das mit Liebe geführt wird, ist die einzige Art von Leben, die lebenswert ist. Wie es im 1. Korintherbrief heißt, bleiben Wissen und Wohltaten ohne Liebe leer. Unter Glauben, Liebe und Hoffnung ist die Liebe das Höchste. Entscheiden Sie sich für die Liebe in all ihren Ausdrucksformen.

Ich demonstriere meine Entscheidung für Liebe, indem ich:

1. mit meiner Aufmerksamkeit, Zuneigung, Wertschätzung und Akzeptanz großzügig bin;
2. in all meinen Beziehungen bewusste Kommunikation praktiziere;
3. Stille und Schweigen in mein Bewusstsein einlasse, um das Selbst und die Fähigkeit zum Mitgefühl zu erweitern.

Die Achte Entscheidung

Ich entscheide mich für Fülle

Du sollst nicht stehlen.
– Exodus 20:15

Auch nach all dieser langen Zeit
sagt die Sonne zur Erde nie: „Du schuldest mir etwas.“
Schau, was mit einer solchen Liebe geschieht:
Sie lässt den ganzen Himmel leuchten.
– Hafiz

Menschen auf einem spirituellen Weg haben oft Mühe damit, mit dem scheinbaren Widerspruch zwischen ganzheitlichem Bewusstsein und materieller Fülle umzugehen. In den meisten religiösen Traditionen gibt es Warnungen vor den spirituellen Risiken, die darin stecken sollen, wenn man materielle Fülle anstrebt. Christus hat gesagt, dass es leichter für ein Kamel sei, durch ein Nadelöhr zu gehen als für einen Reichen, in den Himmel zu gelangen. Im Buddhismus und Hinduismus wird Weg der Entsagung, den Mönche und manchmal auch Nonnen gehen, als überlegen betrachtet im Vergleich zum Familienleben. Da wir ja wissen, dass wir Besitz am Ende nicht mit uns nehmen können, warum sollten wir uns dann für Fülle entscheiden?

Das Wesen der Fülle ist die Erfahrung, dass das Meer des Lebens sich in Wellen von Liebe, Energie und Begeisterung erhebt und bewegt. Wenn spirituell zu sein bedeutet, dass wir uns unserer Verbindung mit der schöpferischen Quelle des Universums bewusst sind, so haben wir das Recht, in unserem Leben Fülle zu genießen.

Natürliche Fülle

Die Natur ist ihrem Wesen nach Fülle. Das Universum ist der höchste Ausdruck von etwas, das aus dem Nichts hervorkommt. Die Schöpfungsmythen in der Bibel, der vedischen Philosophie und der Quantenkosmologie ähneln einander sehr. Aus biblischer Sicht erschuf Gott am Anfang das Licht aus einer zeitlosen, raumlosen Leere heraus. Aus Licht bildete er Himmel und Erde und alles, was darin existiert.

Aus der Perspektive der vedischen Philosophie ist schöpferische Zeugungskraft eine Eigenschaft, die dem Universum innewohnt. Die uns bekannte Welt ist der Ausdruck des Ausatmens des höchsten Gottes Mahavishnu. Wenn er einatmet, wird sich die gegenwärtige kosmische Manifestation auflösen, bis Mahavishnu mit seinem nächsten Atemzug beim Ausatmen Zeit und Raum wieder erschafft.

Der modernen, naturwissenschaftlichen Sicht zufolge wurde das Universum vor 13,7 Milliarden Jahren geboren, als alles, was dabei sichtbar geworden ist, in einem einzigen, winzig kleinen und dichten Punkt zusammengepresst war. Dieser Punkt explodierte mit einem „Urknall" und schuf so Energie, Materie, Zeit, Raum und das Gesetz von Ursache und Wirkung. Ob sich das Universum ewig weiter ausdehnen wird oder an einem bestimmten Punkt in sich zusammen zu fallen beginnt, wird heftig debattiert.

Die Natur ist von sich aus „von Fülle erfüllt"; sie bringt ihrem Wesen gemäß immer neue Fülle hervor. Die Zahl der bekannten Pflanzen- und Tierarten geht über 1,5 Millionen hinaus. Und das ist weniger als 10% dessen, was existiert. Manche Biologen spekulieren, dass, wenn alle Insekten und Pilze um uns herum identifiziert würden, etwa 100 Millionen Nachbararten auf der Erde lebten, deren Existenz auf Kohlenstoff beruht. Jedes Jahr entdecken wir ungefähr zehntausend neue Arten; es wird also eine Weile dauern, bis wir die Weltbevölkerung gezählt haben.

Wissenschaftler haben in einem Gramm Erde zwischen vier- und fünftausend Bakterienarten entdeckt. In einem Quadratmeter tropischen Graslands findet man über 30

Millionen Würmer. Wir teilen diesen Planeten mit zwanzigtausend Fischarten, fast zehntausend Vogelarten und etwas mehr als dreitausend Arten von Säugetieren.

Mutter Erde hat ihre fruchtbare Schöpfungskraft unter Beweis gestellt, seit die ersten Lebensformen vor fast 3,8 Milliarden Jahren auftauchten. Während der cambrischen Explosion, die etwas weniger als 500 Millionen Jahre her ist, erlebte die biologische Evolution ein Fest der Liebe und brachte mehr als 100 Hauptarten von Tieren hervor, von denen heute nur noch dreißig Gruppen leben. Während jener Epoche im Zeitalter des Jura, als 150 Millionen Jahre lang Reptilien die Erde beherrschten, gab es schätzungsweise sechstausend verschiedene Arten von Dinosauriern. Die endgültige Zählung gelangt vielleicht noch bis zu einer Zahl von fast zwanzigtausend Arten.

Wenn wir uns von der Erde zum Himmel wenden, dann können wir heute sagen: Das bekannte Universum enthält derzeit geschätzte 10^{21} Sterne; das ist eine 1 mit 21 Nullen dahinter: 1.000.000.000.000.000.000.000. Um Ihren Verstand noch mehr auf die Probe zu stellen: Die Naturwissenschaft vermutet nun, dass die bekannte Materie und Energie nur ungefähr 4% dessen ausmacht, was existiert. Die anderen 96% des Kosmos existieren derzeit, soweit man glaubt, in „dunkler Energie" und „dunkler Materie". Das Universum ist also nicht nur von unendlich großen Mengen an Energie und Materie erfüllt, sondern quillt auch nur so über von Geheimnissen.

Am Buffet verhungern

Die menschliche Rasse befindet sich am Anfang ihres Lernprozesses, wie die vorhandene Fülle zugänglich gemacht und verteilt werden kann. Es gibt bekanntlich immer noch schier unglaubliche Unterschiede im Lebensstandard zwischen reichen und armen Ländern. Das jährliche durchschnittliche Pro-Kopf-Einkommen erstreckt sich von über 50.000 Dollar in Luxemburg bis zu weniger als 500 Dollar in Ost-Timor. Die drei reichsten Personen der Welt besitzen mehr, als die 48 ärmsten Länder zusammen genommen „wert" sind.

Mehr als eine Milliarde Menschen lebt von weniger als einem Dollar pro Tag. Über 800 Millionen Erdenbürger haben nur unzureichende Nahrung. Man schätzt, dass weltweit täglich mehr als 24.000 Kinder an Hunger oder Krankheiten sterben, die mit unzureichender Ernährung zu tun haben.

Diese tragischen Tatsachen spiegeln die Armut des Willens und der Kreativität wider, nicht etwa einen Mangel an Fülle. Entscheidungen, die auf Angst beruhen, führen dazu, dass wertvolle Rohstoffe, Naturprodukte, Erzeugnisse und intellektuelle Ressourcen vergeudet werden. In jedem Jahr wird auf der Welt etwa eine Milliarde Dollar für Militärausgaben zur Verfügung gestellt; die USA haben daran einen Anteil von rund 40%. Die Vereinten Nationen haben kürzlich einen Bericht veröffentlicht, demzufolge bewaffnete Konflikte und Kriege die Hauptursache für den Hunger in der Welt sind. Uns stehen genügend Ressourcen zur Verfügung. Wir müssen unser Bewusstsein für Fülle ausdehnen und verstärken.

Die Fülle des Augenblicks

Ziehen Sie eine Bilanz dessen, was Sie jetzt haben. Fangen Sie mit Ihrem materiellen Besitz an: Ihre Wohnung oder Ihr Haus, Ihr Auto, Ihre Hifi-Geräte, Ihre Möbel, Ihre Bücher, Ihr Schmuck und Ihr Bankguthaben. Stellen Sie sich vor, dass Sie alles in Umzugskartons einpacken müssten, als ob Sie kurz davor wären, an einen neuen Ort zu ziehen. Wandeln Sie alle Ihre Finanzanlagen entweder in Euros oder Dollars um oder in Gold. Packen Sie auch das ein. Denken Sei daran, dass in den USA der Geldschein mit dem höchsten Wert die 100-Dollarnote ist. (In Europa immerhin 500 Euro). Und nun fragen Sie sich: Wie viele Kartons mehr bräuchte ich, damit ich das Gefühl verspürte, genug zu haben?

Es spricht alles dafür, dass kein spezifisches und irgendwie messbares Ziel Frieden oder Glück garantieren kann. Im Laufe der Jahre habe ich Milliardäre kennen gelernt, die immer noch glaubten, nicht genug zu haben, und ich bin Menschen begegnet, die wesentlicher weniger besaßen, sich jedoch ständig in einem Zustand großer Fülle wähnten.

Ich habe vor einiger Zeit diese schöne Geschichte gehört: Ein reicher Mann angelte in der Nähe seines Landhauses an einem See, während ein armer, der nur einen Stock und einen Faden hat, fünfzig Meter weiter am Ufer des Sees saß. Innerhalb einer Stunde hatte der arme Mann zwei Fische gefangen und ging nach Hause. Das wiederholte sich Tag für Tag, zwei Jahre lang. Schließlich wandte sich der reiche Mann an den Armen und sagte: „Ich habe dir zugesehen und über deine Lage nachgedacht. Wenn ich an deiner Stelle wäre, würde ich jeden Tag ein paar Stunden länger angeln und den überzähligen Fisch am Markt verkaufen. Nach sechs Monaten hättest du genug Geld verdient, um ein kleines Boot und eine neue Angelausrüstung zu kaufen. Bald hättest du genug Geld zusammen, um ein richtiges Geschäft anzufangen. Dann könntest du andere Leute anstellen, die für dich zum Fischen fahren und du könntest den ganzen Tag lang machen, was du willst." Der arme Mann dachte darüber kurz nach und antwortete dann: „Sie sprechen die Wahrheit, Sir – genauso führe ich mein Leben bereits."

Fülle, auch Überfluss, ist ein Bewusstseinszustand, in dem Sie von innen heraus schöpferisch tätig sind. Sie vertrauen sicher und selbstverständlich darauf, dass Ihre Grundbedürfnisse befriedigt werden. Ihr Selbstwert hängt nicht von äußerem Besitz ab. Sie erkennen, dass die Welt an Fülle überfließt und dass Sie selbst ein Ausdruck des Universums sind.

Entscheiden Sie sich für ein Bewusstsein der Fülle. Überlegen Sie sich jeden Abend vor dem Schlafengehen, wofür Sie von Herzen dankbar sein dürfen – Dinge, Personen, Erlebnisse. Auch in den Zeiten, in denen Ihr Leben nicht so läuft, wie Sie es gern hätten, sollten Sie Ihre Aufmerksamkeit auf Fülle richten. Sie werden dann feststellen, dass es eine Veränderung in Ihrer Betrachtungsweise gibt. Mit dieser inneren Veränderung werden Sie eine spontane Entspannung der äußeren Umstände erleben, die Unruhe in Ihr Leben gebracht haben.

Reichlich einfach

Das Gesetz der Schwerkraft besagt, dass alle Objekte, die Masse besitzen, eine gegenseitige Anziehungskraft ausüben. Wenn ein Fußball zur Erde fällt, kommt der Planet ihm praktisch unmessbar, aber eben doch etwas entgegen. Alles was Sie besitzen, übt eine Anziehungskraft auf Sie aus. Ihr

Haus, Ihr Auto oder Ihr Geschäft, die Sie Ihr Eigen nennen, fordern Sie dazu auf, dass Sie ihnen dienen. Da Sie ja sicher wissen, wie sehr Dinge, die Sie besitzen, in Wirklichkeit die Tendenz haben, Sie zu besitzen, sollten Sie Ihren Besitz bewusst auswählen.

Entscheiden Sie sich dafür, dass Sie der Fülle Raum zum fließen geben, indem Sie unnötigen Krimskrams in Ihrer persönlichen Umgebung beseitigen. Räumen Sie Ihr Auto auf, besonders den Kofferraum und das Handschuhfach. Gehen Sie durch Schränke, Schubladen, Dachboden, Keller und Garage und sammeln Sie alles zusammen, was Sie eine Weile lang nicht benutzt haben und auch in der näheren Zukunft vermutlich nicht brauchen. Verschenken Sie Dinge, die Ihnen nicht nützen, an Organisationen oder Menschen, wo sie zum Wohle des Lebens beitragen können. Geben Sie überflüssige Dinge weg, damit Sie die Kanäle öffnen, durch die Fülle Ihnen zufließen kann.

Ein fünfzigjähriger Mann von der Ostküste suchte mich auf, der darüber klagte, körperlich und emotional ausgelaugt zu sein. Obwohl er als Investmentbanker ein beträchtliches Vermögen angehäuft hatte, spürte er wenig Energie und Lebensfreude. Sein Psychiater aus New York hatte ihm empfohlen, Antidepressiva zu nehmen, aber er wollte prüfen, ob es nicht einen natürlichen Weg gäbe, um seine Begeisterung für das Leben wiederzugewinnen.

Im Verlauf des Gesprächs fragte ich ihn, ob er sich erinnern könne, wann er das letzte Mal richtig glücklich gewesen war. Er fand heraus, dass es damals war, als er an seiner Diplomarbeit für Betriebswirtschaft gearbeitet und in einem kleinen Apartment eine halbe Meile vom State Park entfernt gewohnt hatte. Mehre Male in der Woche wanderte er damals durch die Wälder, was ihn erfrischte, erdete und entspannte. Er fühlte sich während dieser Wanderungen friedvoll, egal, wie hoch der Druck an der Universität zuvor gewesen war.

Seit seinem Diplomabschluss hatte er immer in Großstädten gelebt und selten Urlaub gemacht oder sich zwischendurch Auszeiten genommen. Nachdem er geheiratet hatte und ein Kind kam, waren die wenigen Urlaubstage fast genauso anstrengend wie seine Arbeit. Nun, da seine Tochter kurz davor war, ihr Abitur zu machen und zum College zu gehen, war er endlich wirklich bereit, sich selbst wieder zu entdecken.

Das war keine schwierige Aufgabe. Er war finanziell in der Lage, seinen beruflichen Einsatz zurückzuschrauben, um das zu tun, was er wirklich wollte und so einen Ausgleich zur Arbeit zu finden. Ich machte ihm einen einfachen Vorschlag: Nehmen Sie sich ein paar Wochen Urlaub und fahren Sie irgendwo hin, wo Sie in den Wäldern wandern können.

Einen Monat später rief er mich an, um zu berichten, dass er gerade aus Oregon zurückgekommen war, wo er und seine Frau Urlaub in uralten Wäldern gemacht hatten. Er hatte in den zwei Wochen nicht ferngesehen, seine E-Mails nicht gelesen und kein Handy benutzt. Er erzählte, dass er sich nicht nur wieder lebendig fühlte, sondern dass auch der Funken der Leidenschaft in seine zwanzig Jahre währende Ehe zurückgekehrt sei.

Er erkannte, dass sein geschäftlicher Erfolg es ihm möglich machte, sich an ganz einfachen Dingen zu erfreuen, die ihn erfüllten. Für ihn bedeutete Fülle und Erfüllung, sich weniger zu gönnen, nicht mehr.

Eine meiner Lieblingsgeschichten ist die eines Mannes, der verstehen wollte, was materielle Fülle im Vergleich zur Fülle aufgrund einer spirituellen Verbundenheit wert ist. Er suchte einen weisen Lehrer auf, der in den Wäldern lebte, aber auch dafür bekannt war, das weltliche Leben zu kennen. Der Lehrer war einverstanden, auf seine Frage einzugehen, sagte jedoch, dass der Geist des Fragenden aufnahmefähiger sein würde, wenn dieser zuvor gelernt hätte zu meditieren. Der Lehrer leitete ihn zu einer tiefen meditativen Trance an. Dann bat er ihn, ihm ein Glas Wasser zu bringen, bevor er ihm nun die erhoffte Antwort geben würde.

Auf dem Weg zum Brunnen begegnete der Mann einer wunderschönen Frau, in die er sich sofort verliebte. Er machte ihr den Hof und kurz danach heirateten sie. Als sie schwanger wurde, machte er ein Geschäft auf, um den Lebensunterhalt für die Familie zu verdienen und wurde mit der Zeit sehr erfolgreich. Mit seinen Einnahmen dehnte er seine Geschäfte aus, er baute ein großes Landhaus, sammelte wertvolle Kunstgegenstände und Schmuck. Mit seinem finanziellen Erfolg ging gesellschaftlicher Einfluss einher und bald war er eines der einflussreichsten Mitglieder seiner Gemeinschaft.

Eines Tages, während sich der Mann auf einer Geschäftsreise befand, setzte ein schwerer Regensturm ein, der den Fluss über die Ufer treten ließ und sein Haus überflutete. Der arme Mann verlor alles: sein Haus, sein Geschäft, seine Wertgegenstände. In tiefer Verzweiflung wanderte er ziellos durch die Wälder und beklagte seine enormen Verluste. Plötzlich fand er sich vor seinem Lehrer sitzend, der ihn freundlich fragte: „Hast du mir das Glas Wasser gebracht?“

Der Mann erkannte, dass sich all seine Erlebnisse von Erwerb und Verlust sowie die Freude und Verzweiflung, die diese begleitet hatten, nur in seinem Geiste abgespielt hatten. Auf diese Weise hatte ihm sein Lehrer eine Lektion über die Fülle erteilt.

Reich an Sinn

Wenn Sie sich keine Sorgen machen müssten, noch mehr Dinge anzuhäufen und wenn Sie die finanzielle Freiheit besäßen, genau das zu tun, was Sie gern tun möchten: Was würden Sie jetzt tun? Das ist die Schlüsselfrage für jene, die nach Fülle streben. Wenn man im Bewusstsein der Fülle leben will, muss man tief in das eigene Herz schauen und sich fragen: Warum bin ich hier? Wenn Sie wie ich daran glauben, dass das Leben eines jeden Menschen einen Sinn hat, dann liegt der Schlüssel zu einem Leben in Fülle darin, dass Sie entdecken, welchen Grund Ihre Inkarnation hat.

Den Ausdruck des höchsten Lebenszwecks nennt man in der buddhistischen Terminologie auch *Dharma*. Die Samen der kosmischen Absicht sind in Ihre Seele eingesät worden und warten darauf, hervorzusprießen, sobald sie mit dem Wasser der Bewusstwerdung genährt werden. In dem Maße, wie die Fesseln eines begrenzten, auf dem Ego beruhenden Selbstbildes gelockert werden, richten sich die Handlungen zunehmend an den universellen Gesetzen aus und der höchste Lebenszweck wird offenbar.

Wenn Sie das tun, wozu es Sie innerlich drängt, kann Ihnen keiner so viel zahlen, dass Sie damit aufhören würden. Wenn Ihr Leben zum Ausdruck Ihres tiefsten bzw. höchsten Sinns wird, sind Sie energiegeladen und voller Lebensfreude, weil Sie direkt an den kreativen Fluss des Universums angeschlossen sind. Ihre Handlungen sind erfüllend für Sie selbst und sie stellen eine Bereicherung für die Menschen dar, die von Ihren Entscheidungen beeinflusst werden.

Das Gebot, nicht zu stehlen, lässt sich auf ganz natürliche Weise in die Entscheidung für Fülle transformieren. Die Möglichkeit, etwas von jemand anderem ohne dessen Erlaubnis zu nehmen, kommt Ihnen noch nicht einmal in den Sinn, weil Sie aufgrund Ihrer Erfahrung darauf vertrauen, dass die Natur spontan alles zur Verfügung stellt, was Sie zur Erfüllung Ihrer Bedürfnisse brauchen.

Sie bemerken, wie Menschen, die von Ihrem natürlichen Zustand eines Bewusstseins der Fülle angezogen werden, sich angeregt fühlen, Sie in Ihrer Lebensvision zu unterstützen.

In der Schöpfung gibt es kein Ersatzteile. Jeder von uns ist dazu aufgerufen, seine Rolle einwandfrei zu spielen, indem er das Universelle in unserer Individualität zum Ausdruck bringt. Die Herausforderung besteht darin, wach und bewusst zu sein, damit wir den wesentlichen Sinn unseres Lebens verwirklichen. Wenn wir das tun, wofür wir geschaffen wurden, spüren wir den Fluss des Lebens durch uns strömen und dienen so auf natürliche Weise uns selbst, unseren Beziehungen und der gesamten Schöpfung.

Die Macht der Absicht

Es gibt eine klassische Geschichte über Arjuna, den archetypischen Menschen, der als Bogenschütze trainiert wird. Sein Meisterlehrer Drona versammelt Arjuna und seine Brüder, setzt einen hölzernen Vogel als Ziel in einen Baum und fordert seine Lehrlinge auf, ihre Pfeile zurückzuziehen, aber nicht abzuschießen, bevor er das Kommando dazu gibt. Drona geht die Reihe der Bogenschützen entlang und fragt jeden: „Was siehst du?“ Jeder junge Mann gibt ihm eine ähnliche Antwort: „Ich sehe den Vogel und den Baum sowie meine Brüder und meinen Lehrer.“ Jedes Mal bittet Drona dann, den Bogen niederzulegen, ohne den Pfeil abzuschießen. Arjuna ist als Letzter an der Reihe. Er antwortet auf die Frage: „Ich sehe nur das Auge des Vogels.“ Drona fragt ihn, ob er denn nicht den Baum sieht, seine Brüder sowie den Lehrer. Arjuna erwidert: „Ich sehe nur das Auge des Vogels.“ Drona fordert ihn auf, den Pfeil abzuschießen, der das Ziel auch direkt trifft.

Das ist die Kraft der einpunktigen Absicht bzw. der einpunktigen Konzentration. Erfolgreiche Menschen halten ihre Aufmerksamkeit ohne abzuschweifen auf das Leben gerichtet, das Sie sich vorstellen, während sie dabei jeden Schritt auf dem Weg dorthin ganz annehmen. Selbst wenn Hindernisse auftauchen, können sie sich diesen voll und ganz widmen, ohne dabei ihr Ziel aus den Augen zu verlieren. Ein absichtsvoll geführtes Leben ist von sich aus erfüllt, weil der Weg bereits den Lohn darstellt, nicht nur der Endpunkt.

Intentionen, die aus der Tiefe Ihrer Seele aufsteigen, tragen in sich die Macht des Schicksals und der Bestimmung. Zum Geburtsrecht jedes Menschen auf dieser Erde gehört, dass er oder sie ein von tiefem Sinn und Zweck erfülltes Leben führt. Wir haben Sorge, ob unsere Kinder zu produktiven Mitgliedern der Gesellschaft werden, und so drängen wir sie, ihre Nische zu finden, auch wenn sie damit ihren einzigartigen Gaben keinen Ausdruck verleihen können. Als Erwachsene welken sie dann in Jobs dahin und bleiben darin stecken, auch wenn sie sich durch deren Monotonie wie erstickt fühlen.

Sie sind kein Rad in einer industriellen Maschinerie. Sie sind eine göttliche Flamme, deren Sinn und Zweck darin besteht, die Welt zu erleuchten! Wenn Sie nach Ihrem Sinn suchen, dann bringen Sie Ihren Geist zur Ruhe, lenken Sie Ihr Bewusstsein in Ihr Herz und stellen Sie sich die folgenden Fragen. Dann hören Sie einfach auf die Antworten, die aus den Tiefen Ihres Seins aufsteigen:
– Was fällt mir leicht?
– Welches gottgegebene Talent habe ich?

– Welche einzigartigen Eigenschaften charakterisieren mich?
– Was mag ich leidenschaftlich gern?
– Was tue ich, was mir eher mehr Lebensenergie vermittelt als dass es mich auslaugt?
– Was bringt mir Lebensfreude und Begeisterung?
– Was tue ich, was anderen Freude oder Sinn bringt?
– Womit beschäftige ich mich, wobei mich die Zeit nicht mehr beherrscht?

Sie werden, wie wir alle, am Ende des Lebens alles hinter sich lassen, was Sie angehäuft haben: Ihren weltlichen Besitz, Ihre Stellung, Ihre Auszeichnungen und Ihre Leistungen. Ich bin aufgrund meiner Erfahrungen in der Begleitung zahlreicher Menschen am Ende ihrer Tage davon überzeugt, dass wir bei unserem Abschied keine Bilanz über unseren materiellen Wohlstand ziehen. Vielmehr bringt uns in unseren letzten Tagen jene Liebe inneren Frieden, die wir unseren Lieben und unserer Umgebung gebracht haben. Ein Leben, das voller Leidenschaft und Sinn geführt worden ist, ist ein Leben der Fülle!

Der Fülle würdig sein

Haben Sie die Fähigkeit, Fülle anzunehmen? Ich spüre manchmal, dass Menschen eine innere Schranke oder Schwelle haben, die sie genau daran hindert. Wenn sie an diese Schwelle herankommen, fängt ihr Unterbewusstsein an, sie zu begrenzen, damit sie ihre selbst aufgestellten Schranken nicht überschreiten.

Vor einigen Jahren traf ich eine Frau, die aus bescheidenen Verhältnissen stammte und zusammen mit ihrem Mann ein sehr erfolgreiches Unternehmen gegründet hat. Nachdem Sie zwanzig Jahre lang ihre Firma aufgebaut hatten, entschlossen Sie sich, sie in eine Aktiengesellschaft umzuwandeln. Genau am ersten Handelstag wurde die Frau mit einem Anfall von Magengeschwür-Kolitis ins Krankenhaus eingeliefert. Während sie gerade mehrfache Millionärin wurde, wurde sie intravenös mit flüssiger Nahrung ernährt. Das gesamte folgende Jahr musste sie Steroide einnehmen, um ihre Magen-Darmtrakt-Entzündungen zu beßhandeln, was dazu führte, dass sie dreißig Pfund zunahm. Sie kam zu mir, um ihre Verdauung zu verbessern, ihr Gewicht wieder zu kontrollieren und ihre Energie zurückzugewinnen.

Die zeitliche Übereinstimmung zwischen ihrem finanziellen Erfolg und ihrer Krankheit schien mehr als nur Zufall zu sein und so besprachen wir die Hintergründe. Sie erzählte, dass sie die älteste von fünf Kindern war, dass man von ihr immer erwartet hatte, dass sie perfekt sei, dass sie ihre überforderte Mutter jedoch ständig enttäuscht hätte. Bei mehr Gelegenheiten, als ihr jetzt spontan einfielen, hatte die Mutter ihrer Tochter immer wieder gesagt, sie sei wertlos und würde es zu nichts bringen. Trotz dieser Vorhersagen hatte die Tochter erfolgreich einen Universitätsabschluss erworben, einen wunderbaren Mann geheiratet und ihr natürliches Talent verwirklicht, Menschen zu führen. Als die Zeit heranreifte, die Firma noch einen entscheidenden Schritt weiter zu vergrößern, spürte sie plötzlich enorme Zweifel, ob sie es überhaupt verdiente, richtig reich zu werden.

Wir arbeiteten mehrere Sitzungen hindurch an der Auflösung Ihrer Schuldgefühle, die sie daran hinderten, die Fülle anzunehmen. Wir transformierten auch ihren von Eigensabotage geprägten inneren Dialog über die Frage, wie viel Fülle ihr zustand, in eine Haltung, in der mehr Energie durch sie fließen konnte. Als sie anfing, sich selbst mehr als

Kanal für Energie und Fülle zu sehen anstatt als ein Reservoir, in dem einfach alles gesammelt wird, wurde sie ganz begeistert zu entdecken, auf welche Weise sie ihr Geld einsetzen konnte, um sowohl anderen Menschen zu helfen als auch sich selbst etwas zu gönnen. Im folgenden Jahr lernte sie, sich viel besser um ihre eigenen Bedürfnisse zu kümmern, verlor ihr überschüssiges Gewicht und erlebte nur kurzfristige gesundheitliche Beschwerden durch ihr früheres Leiden. Sie unterstützte unter anderem auf großzügige Weise mit Zeit und Geld Organisationen, die sich um Kinder mit Entzündungen im Verdauungstrakt kümmern.

Wenn Sie mutmaßen, dass Sie Ihre eigene Fülle begrenzen, weil Sie meinen, dass Sie dieser nicht würdig seien, dann sollten Sie Ihr Bewusstsein abwenden von dem, was Sie besitzen möchten und es stattdessen darauf lenken, wie Sie Ihre Energie und Kreativität in der Welt am besten zum Ausdruck bringen können. Die Symbole von Fülle – ein größeres Haus, ein neues Auto, ein wertvoller Schmuck – können zwar Wellen der Freude auslösen, aber Sie sollten das Meer nicht einigen wenigen Wellen opfern. Entscheiden Sie sich für ein Leben, das von Liebe, Leidenschaft, Kreativität und Sinn nur so überfließt – und dann werden diese Symbole *Ihnen* nachjagen.

Ich demonstriere meine Entscheidung für Fülle, indem ich:

1. wertvolle Dinge verschenke, die ich angesammelt habe, die ich aber nicht mehr länger brauche;
2. regelmäßig Inventur mache über all das, was mir im Leben Freude macht und wofür ich dankbar bin;
3. meine Zeit für solche Dinge oder Aktivitäten einsetze, die mir Freude machen, die ich gut beherrsche und die sowohl mir als auch meiner Umgebung dienen.

Die Neunte Entscheidung

Ich entscheide mich für Wahrheit

Du sollst kein falsches Zeugnis reden
gegen deinen Nächsten.
– Exodus 20:16

Falls du meinst, dass die Wahrheit aus Worten erkannt
werden könnte, falls du denkst, dass Sonne und Meer durch
diese kleine Öffnung hindurchgehen, die man Mund nennt:
O, jemand sollte anfangen zu lachen!
Jemand sollte lauthals anfangen zu lachen – jetzt gleich!
– Hafiz

Václav Havel, der Schriftsteller, Dichter und erste Präsident der tschechischen Republik, hat einmal gesagt: „Suchen Sie die Gesellschaft jener Menschen, die nach Wahrheit streben, und laufen sie fort von solchen, die glauben, sie gefunden zu haben." Wenn Sie dieses Motto auf Ihrer Suche nach Sinn und Erfüllung im Leben im Bewusstsein behalten, dann haben Sie eine größere Chance, Wahrheit zu finden und dabei noch mehr Lebensfreude und Freiheit zu erfahren. In der gesamten Geschichte der Menschheit sind Philosophen, Weise und Mystiker auf ihrer Suche nach Wahrheit zum selben Schluss gekommen, den Einstein einmal so formuliert hat: „Die Suche nach Wahrheit ist kostbarer als ihr Besitz."

Die Geschichte ist natürlich voll von Berichten Einzelner oder Gruppen, die glaubten, die Wahrheit gefunden zu haben und mit ihr das Recht oder gar die Verpflichtung, sie auch anderen aufzuzwingen. Von den Kreuzzügen bis zur Inquisition, vom Faschismus zum Maoismus: Jene, die meinen, sie seien im Besitz der Wahrheit, zerstören und ermorden oft die anderen, die zögern, ihre Wahrheit anzunehmen. Während dieses Buch niedergeschrieben wird, gibt es auf diesem Planeten mindestens acht „größere" Kriege (per definitionem Kriege mit mehr als eintausend Kriegsopfern pro Jahr) und ungefähr zwei Dutzend „kleinere" Konflikte. Die überwiegende Zahl aller Kriege wird aufgrund von religiösen, ideologischen und politischen Meinungsverschiedenheiten ausgetragen.

Es mag Zeiten und Umstände geben, in denen es gerechtfertigt ist, eine Überzeugung zu verteidigen oder sogar dafür zu sterben, aber leider führen unsere primitiven Verhaltensmuster oft zu Gewalt als dem ersten, nicht als dem letzten Mittel. Die meisten Menschen verwechseln feste eigene Überzeugungen und Glaubensmuster mit Wahrheit. Überlegen wir deshalb, was es bedeutet, sich für die Wahrheit zu entscheiden.

Relativ wahr

Im allgemeinen benutzen wir das Wort „Wahrheit", um unsere Glaubensüberzeugungen zu beschreiben. Heute hörte ich im Radio, wie der französische Premierminister sagte, „Das wichtigste Problem unseres Landes ist in Wahrheit die hohe Arbeitslosenzahl." Das mag seiner aufrichtigen Überzeugung entsprechen, aber ich vermute, dass es Franzosen gibt, die Argumente vorbringen könnten, dass andere Probleme noch wichtiger sind. Kandidaten, die sich um politische Ämter bewerben, verkünden regelmäßig lauthals ihre Wahrheiten über den Zustand der Wirtschaft, die Aufgaben des Militärs und das Sozialsystem. Es liegt jedoch im Wesen der Wahrheit, dass sie sich mit veränderlichen Gesichtspunkten ebenfalls verändert.

Die Menschen beginnen eine Feststellung mit den Worten „Die Wahrheit ist" und glauben dabei meistens, dass es doch offensichtlich sei, was sie sagen und man darüber gar nicht anderer Meinung sein kann. Solche Feststellungen führen jedoch oft zu den allergrößten Widerständen und Widersprüchen. Glühend vorgetragene Überzeugung bringt zum Ausdruck, was ein Redner gern als wahr betrachten würde, ist jedoch häufig ein Indiz für unausgesprochene Zweifel daran. Der Literatur-Nobelpreisträger Thomas Mann hat einmal die folgende tiefe Einsicht formuliert: „Wir neigen dazu, dann aufgeregt und wütend zu werden in unserer Gegnerschaft zu irgendeiner Idee, wenn wir uns der eigenen Position nicht ganz sicher sind und innerlich sogar versucht sind, die andere Seite gutzuheißen."

Die Entscheidung für Wahrheit fängt damit an zu erkennen, dass Glaubensüberzeugungen ihrem Wesen nach relativ sind. Die erste Edle Wahrheit des achtfältigen buddhistischen Wegs ist die „richtige Sichtweise". Dieses Prinzip geht davon aus, dass jeder glaubt, seine Sichtweise sei die einzig richtige. Der Weg zur Wahrheit fordert uns dazu heraus zu sehen, dass Wahrheit viele Masken tragen kann, und dass jedes Gesicht davon überzeugt ist, das einzig richtige zu sein. Wenn Sie erkennen, dass Ihre Sichtweise eine von vielen möglichen ist, dann sind Sie auf dem Weg zu einer Wahrheit, die Sie befreit. Um noch einmal Thomas Mann zu zitieren: „Eine große Wahrheit ist jene, deren Gegenteil auch wahr ist."

Was, glauben Sie, ist wahr? Wenn Sie ein gläubiger Christ sind, glauben Sie, dass der Pfad zum ewigen Leben darin liegt, Jesus Christus als Ihren persönlichen Erlöser anzunehmen. Für Christen ist das Neue Testament die letzte Autorität im Hinblick auf die Wahrheitsfindung. Wenn Sie ein gläubiger Jude sind, glauben Sie, dass der eine Gott, Hashem, einen Bund mit Abraham geschlossen hat, der erneuert wurde, als Moses die Zehn Gebote erhielt. Für einen Juden ist die Tora die höchste Autorität der Wahrheit. Wenn Sie ein gläubiger Muslim sind, glauben Sie, dass es keinen anderen Gott als Allah gibt und Mohammed dessen Prophet ist. Für Muslime stellt der Koran die letzte Quelle der Wahrheit dar. Wenn Sie ein Naturwissenschaftler sind, glauben Sie, dass es Naturgesetze gibt, die man durch Beobachtung und Schlussfolgerungen erkennen kann. Obwohl Sie vielleicht nicht die Existenz einer letzten, absoluten Wahrheit akzeptieren würden, sind doch Newtons Gesetze der Physik, Darwins Evolutionsgedanken und Einsteins Relativitätstheorie die unveränderlichen Prinzipien, mit Hilfe derer Sie die Welt betrachten.

Politische Wahrheiten werden zwar gern heftig verteidigt, lassen sich jedoch selten genau beschreiben. Wir brauche uns nur die Welt von heute anzusehen, um zu erkennen, dass die Wahrheiten, für die Menschen im letzten Jahrhundert gekämpft und für die sie gestorben sind, heute fast völlig unbedeutend erscheinen. Das kommunistische China und Länder, die früher zur Sowjetunion gehörten, zählen heute zu Nationen, in denen der Kapitalismus am eifrigsten praktiziert wird, während die meisten westlichen Staaten ihren Bürgern umfassende soziale Sicherungsmaßnahmen bieten. Die Ideen, was Wahrheit ist, verändern sich im Laufe der Zeit.

Wahrheit erzeugen

Menschen glauben an etwas. Bei Menschen, die sich entwickeln, entwickeln sich auch Glaubensüberzeugungen. Damit Ideen sich entwickeln können, müssen wir eine Balance finden zwischen unserer Entscheidung, was wir als Kernwerte betrachten, und einer flexiblen Einstellung und Offenheit. Das ist für die meisten Menschen nicht leicht. Denn wir mögen zwar den Wert von Anpassungsfähigkeit einsehen, aber Gemüt und Verstand suchen doch nach Sicherheiten.

Sigmund Freud hat einmal zu bedenken gegeben, dass eine Neurose die Unfähigkeit darstellen könnte, Ambivalenz auszuhalten. Der menschliche Geist strebt danach, Ideen und Erfahrungen in schöne klare Kategorien einzuordnen. Das stellen wir häufig bei Wahlkämpfen fest, in denen die Kandidaten gezwungen sind, entweder eine deutliche Position zu einem Thema zu formulieren oder beschuldigt werden, unentschlossen zu sein. Obwohl anfangs unter Umständen zugegeben wird, dass ein Thema sehr vielschichtig ist, wird doch, sobald er einmal eingenommen wurde, dieser Standpunkt mit Macht als der einzig wahre verteidigt.

Es wäre gut, wenn wir den psychologischen Prozess begreifen, der dazu führt, dass wir etwas als wahr bezeichnen. Immer wenn wir auf eine neue Idee treffen, registriert unser Geist diese Information und sieht in der Datenbank nach, ob wir etwas Ähnliches schon einmal erlebt haben. Dann treffen wir eine Entscheidung darüber, ob etwas wahr ist oder nicht. Vielleicht versuchen wir uns selbst davon zu überzeugen, dass dies eine Sache des Verstandes sei, aber tatsächlich läuft das Ganze auf der emotionalen Ebene ab und beruht darauf, ob wir glauben, dass der „Nettogewinn" der neuen Idee uns Wohlbefinden oder Unbehagen bringen wird. Häufig haben unsere Gefühle im Hinblick auf eine Idee mehr mit den Menschen zu tun, mit denen wir diese Überzeugung teilen, als mit der Idee an sich. Wenn wir spüren, dass wir uns besser fühlen, wenn wir uns eine Idee zu Eigen machen, und dadurch mehr Liebe, Macht, Sicherheit oder Glück erfahren, identifizieren wir uns mit dieser Idee und sagen: „Ich glaube, dass dies oder jenes wahr ist bzw. stimmt."

Machen wir uns eine Idee zu Eigen, so bedeutet das gleichzeitig, dass wir bereit sind zu verteidigen, was wir für wahr halten. Das kann sogar so weit gehen, dass man sich berechtigt fühlt, offensiv gegen Menschen vorzugehen, die dieser Idee nicht zustimmen. Um Angst aus dem Weg zu gehen, die auftaucht, wenn man ambivalent bleibt, nehmen wir bestimmte Dinge als wahr an und schließen alles, was dem entgegensteht, aus. Wenn wir in die Falle des begrenzten Bewusstseins tappen, verspüren wir zwar unter Umständen eine vorübergehende Erleichterung. Aber auf Dauer stört es unseren Seelenfrieden, weil sich andere Standpunkte dem soeben als Wahrheit gewählten entgegenstellen werden. Die Entscheidung für Wahrheit ruft Sie dazu auf, den Standpunkt zu entdecken, der mit Ihren Kernwerten übereinstimmt, und zugleich Ihr Bedürfnis, diesen Standpunkt offensiv zu vertreten, aufzugeben. Wenn Sie tief in Ihrer eigenen Wahrheit verwurzelt sind, verliert sich das Bedürfnis, andere zu überzeugen.

Was halten Sie für wahr?

Nehmen Sie sich ein paar Augenblicke Zeit, um zu überlegen, was Sie zu den folgenden komplexen Themen meinen, die die Menschheit beschäftigen. Denken Sie über jedes dieser Themen nach und stellen Sie fest, was ihre Ausgangsmeinung dazu ist. Dann überlegen Sie, ob die Sache unter der Oberfläche Ihrer festen Ansichten vielleicht etwas unklarer aussehen könnte, als Sie es sich vielleicht zugestehen wollen:

- Abtreibung
- Tierschutz
- Sterbehilfe
- Klonen
- Todesstrafe
- Verbrauch fossiler Brennstoffe
- Gentechnik und -nahrung
- Globale Wirtschaft
- Globale Erwärmung
- Atomkraft
- Raumfahrt
- Stammzellenforschung
- Terrorismus
- Illegale Einwanderung

Vielleicht stellen Sie fest, dass Sie, obwohl Sie zu einem Thema eine feste Meinung haben, auf einer tieferen Ebene Zweifel spüren. Es könnte sein, dass Ihre Sichtweise eines Themas im Konflikt steht zu Ihrer Meinung über ein anderes. Vielleicht sind Sie ganz klar gegen Atomkraft, machen sich aber gleichzeitig Sorgen über die globale Erwärmung. Oder Sie setzen sich sehr für den Tierschutz ein und machen sich zugleich Gedanken über das Futter für Ihr Haustier, das aus Tieren hergestellt wird. Sie unterstützen unter Umständen die Stammzellenforschung, um Schwerkranken eine Heilungschance zu geben, sind aber sehr skeptisch, was Gentechniken bei der Nahrungsmittelerzeugung betrifft. Oder Sie fördern das Recht der Frau auf Selbstbestimmung, sind jedoch gegen Abtreibung als Mittel der Geburtenkontrolle.

Wir Menschen setzen viel emotionale Energie für die Verteidigung unserer Überzeugungen ein, von denen wir überzeugt sind, dass sie der Wahrheit entsprechen. Das scheint offensichtlich, wenn wir an religiöse, politische, wirtschaftliche und moralische Überzeugungen denken. Ich treffe jedoch auch viele Menschen, die ganz energisch Ernährungsvorlieben vertreten, zum Beispiel fettarme Kost gegenüber Kohlehydrat-Diät oder pflanzliche gegenüber fleischlicher Ernährung, oder bestimmte Heilmittel, wo es dann um allopathische oder homöopathische Medizin geht. Die Entscheidung für Wahrheit verlangt, dass Sie ständig Ihre Überzeugungen über die Welt und Ihren Platz in der Welt überprüfen und dass Sie Ihre Fähigkeit, vielschichtige und unterschiedliche Sichtweisen miteinander zu vereinbaren, laufend erweitern. Je weniger rigide Sie in Ihrer Wahrnehmung von Wahrheit sind, desto mehr können Sie Menschen respektieren, die andere Überzeugungen vertreten. Wenn Sie Ihrer Wahrheit treu und gleichzeitig offen für die Gesichtspunkte anderer Menschen bleiben, wird diese Haltung eine heilsame und transformierende Wirkung auf alle Beziehungen ausüben: auf die persönlichen, die arbeitsbedingten und die internationalen.

Persönliche Wahrheit

Die Unfähigkeit, gegensätzliche Wahrheiten miteinander zu versöhnen, kann zu höchst belastenden inneren Konflikten führen, deren Folge Angst und Niedergeschlagenheit ist. Wir kreieren für uns selbst manchmal Situationen, die voller unvereinbarer Faktoren sind, wie ein bekannter alter Cartoon zeigt, in dem auf einer Schulter des Menschen ein kleiner Engel, auf der anderen ein kleiner Teufel sitzt. Im Folgenden möchte ich die wahre Geschichte einer Frau erzählen, für die unterschiedliche Wahrheiten nicht zusammen passten.

Kathleen war völlig gestresst und verzweifelt. Sie war eine vierzigjährige Steueranwältin, die mehrmals in der Woche unter Migräneanfällen litt und seit einem Jahr nicht mehr richtig und gut schlafen konnte. Sie beklagte sich, dass sich die Kommunikation mit ihrem Mann in den letzten beiden Jahren dramatisch verschlechtert habe. Kathleen erkannte durchaus an, dass er sich seit Beginn einer Eheberatung vor ein paar Monaten wirklich bemühte, aber doch empfand sie immer noch einen tiefen Groll gegen ihn und war auf dem Sprung, die Ehe zu beenden.

Kathleen zufolge ging ihr Mann so in seinem Beruf auf, dass sie sich vernachlässigt fühlte. Sie bedauerte auch, dass es in ihrer Beziehung keine Leidenschaft mehr gab und sie wie taub wurde, wenn er versuchte, sie zu berühren. Sie gab zu, dass er für ihre Söhne im Teenageralter ein guter Vater war, sich nie hatte gehen lassen oder sie sexuell bedrängt hatte, und dass er kein Alkoholiker war. Als ich sie fragte, ob er ihr bislang treu gewesen sei, antwortete sie, „Soweit ich weiß, ja!"

Die Art, wie sie antwortete, deutete an, dass etwas anderes dahinter stecken könnte. Also fragte ich sie, ob sie treu gewesen sei. Ich sah ihr an, wie sie überlegte, was sie antworten sollte. Nach einer langen Pause brach sie zusammen und erzählte unter Tränen, dass sie seit mehr als einem Jahr eine Affäre hatte. Davon hatte sie weder ihrer persönlichen Therapeutin, mit der sie seit über neun Monaten gearbeitet hatte, noch ihrem gemeinsamen Eheberater erzählt. Ihrem Mann gegenüber hatte sie es ohnehin verschwiegen.

Ohne in eine Diskussion über die moralischen Aspekte außerehelicher Affären einzusteigen, besprachen wir, wie der Mangel an Wahrhaftigkeit für sie und ihre Umgebung emotionale und physische Schmerzen erzeugt hatte. Sie erkannte, dass es für sie nur einen Weg gab, um sich von ihrem Stress zu befreien: Sie musste sich selbst darüber klar werden, was für sie stimmig war, und dann ihre Worte und Taten in Übereinstimmung mit ihren wahren Überzeugungen bringen. In ihrem Fall ging es darum, entweder eine Trennung auf Probe mit ihrem Mann zu vereinbaren oder ihre Affäre aufzugeben. Sie musste herausfinden, was für sie das Richtige war, damit sie aufhören konnte, ihre Lebensenergie zu vergeuden.

Die Wahrheit kommt eines Tages ans Licht, weil es eine enorme psychische und physische Anstrengung verlangt, sie zu unterdrücken, etwa so, als wolle man einen Wasserball die ganze Zeit unter das Wasser gedrückt halten. Das geht eine gewisse Weile lang, aber früher oder später gelangt der Ball doch an die Wasseroberfläche. Wie bei einem in der Wüste vergrabenen Schatz enthüllen die Winde, die den

Sand weitertragen, eines Tages die darunter verborgene Wahrheit.

Ihre Seele strebt Frieden an. Obwohl der Verstand die außergewöhnliche Fähigkeit besitzt, fast alles zu rationalisieren, wird doch jede Rationalisierung zu einer emotionalen und physischen Turbulenz führen. Je stärker die Rationalisierung, desto größer die später einmal auftretende energetische Störung. Sie können zum Beispiel Ihren Alkoholismus leugnen, indem Sie ihn als eine vorübergehende Maßnahme zur Stressminderung rechtfertigen, doch irgendwann müssen Sie sich dieser Situation stellen. Spätestens dann, wenn Ihr beruflicher Stress dadurch beseitigt wird, dass Sie Ihren Arbeitsplatz verlieren. Sie können sich sagen, dass Ihre Veruntreuung von Firmengeldern gerechtfertigt sei, weil Sie für Ihre Leistungen nicht gut genug bezahlt werden und deshalb nicht den Lebensstil führen können, den Sie eigentlich verdienen. Eines Tages kommt die Angelegenheit jedoch ans Licht und Sie werden zwangsläufig einen sehr stark vereinfachten Lebensstil einhalten müssen. Sie können Ihre außereheliche Affäre damit begründen, dass Ihr Partner oder Ihre Partnerin nicht genügend auf Sie eingeht, aber die Turbulenzen aufgrund des Zusammenpralls der starken Gefühle aller Beteiligten werden sich auf alle Ihre Beziehungen direkt oder indirekt auswirken. Die Wahrheit kommt vielleicht nicht auf, bis einer der Beteiligten verstorben ist, und doch wirken auch früher getroffene Entscheidungen weiter fort.

Es ist ein Grundprinzip des Lebens, dass das Universum die Umstände hervorbringt, durch die die Wahrheit ans Tageslicht kommt. Die neunte Entscheidung macht Ihnen Mut, in Übereinstimmung mit der Wahrheit zu denken, zu sprechen und zu handeln, wann immer es nur möglich ist. Dabei wissen Sie, dass Sie wie jeder andere Mensch auch Ihr Bestes tun.

Auf der Suche nach Wahrheit

Alle Gedanken, die Sie hegen und alle Handlungen, die Sie vollziehen, haben Folgen. Die Gedanken in Ihrem Bewusstsein übertragen sich vor allem über die Moleküle des Körpers. Aufgeregte Gedanken erzeugen turbulente Moleküle, die zu einer Störung Ihrer Körperfunktionen führen können, zum Beispiel zu Schlaflosigkeit, Verdauungsproblemen, Kopfschmerzen oder Immunstörungen. Die Konsequenzen Ihrer Worte und Taten erfolgen in der Welt. Sie können zu Frieden und Lebensfreude für sich selbst und andere beitragen, oder Sie können Ärger und Leid verursachen.

Warum weichen Menschen der Wahrheit aus? Wir haben schon früh im Leben gelernt, dass unsere Handlungen manchmal zu negativen Reaktionen führten. Als wir Mamas Lieblingsvase zerbrachen, einen Fußball durchs Fenster schossen oder zu einer Party gingen, während unsere Eltern dachten, wir würden lernen; als die Wahrheit aufkam, gab es unangenehme Folgen. Nach einigen solcher Erfahrungen hatten Sie gelernt, dass auf Ihre Taten Strafen folgten und schließlich versuchten Sie, durch das Abstreiten der Wahrheit der Strafe zu entgehen. Obwohl in den meisten Fällen die Strafe zwar später und mit Verzögerung, aber eben doch eintraf, haben wir uns doch die Hoffnung bewahrt, dass es uns irgendwann einmal gelingen könnte, den Konsequenzen für unser Tun auszuweichen.

Wir können fast überall, von Promienten bis hin zu führenden Politikern, ein vertrautes Rollenspiel beobachten: Es gibt eine Verfehlung oder Übertretung, diese wird entdeckt, die Übertretung wird geleugnet, offensichtlich nicht mehr abzustreitendes Beweismaterial taucht auf. Und so sind die Folgen der Verleugnung schließlich schwerwiegender, als es die Konsequenzen für eine eingestandene Übertretung von Grenzen gewesen wären. Andererseits erleben wir auch immer wieder, dass jemand durch Leugnen der Verfehlungen anscheinend vorübergehend einer Bestrafung entgeht. Aber selbst wenn ein Gericht jemanden aufgrund von formalen Verfahrensfragen freispricht, verliert derjenige doch seinen Ruf. Aus psychologischer und spiritueller Sicht ist die Entscheidung für Wahrheit immer die beste Wahl.

Gibt es Zeiten, in denen die Verfremdung oder Unterdrückung der Wahrheit der Evolution dient? Jeder Mensch hat schon einmal mit der Wahrheit hinter dem Berg gehalten, die Wahrheit verzerrt oder bewusst gelogen. Es gibt große und kleine Lügen. Angesichts der Unsicherheit darüber, was Wahrheit ist und was nicht, kann es Situationen geben, wo es unter den Umständen das Beste ist, nicht die Wahrheit zu sagen.

Wenn Ihnen ein Freund etwas anvertraut hat, was ihn bzw. sie sehr verwundbar macht, dann kann es durchaus ein Ausdruck Ihres höheren Selbst sein, nicht aufrichtig zu antworten, wenn Sie vom stadtbekannten Klatschmaul über diese Person ausgefragt werden. Wenn Ihr Partner oder Ihre Partnerin Sie fragt, wie er bzw. sie in einem bestimmten Kleidungsstück aussieht, könnte eine zu direkte Meinungsäußerung nicht immer zum Besten aller Beteiligten sein. Die Wahrheit nicht zu sagen kann dann die beste Reaktion im Sinne der Entwicklung sein, wenn die Wahrheit anderen großen Schaden zufügen würde. Wenn ein Diktator Informationen über den Aufenthaltsort eines angeblichen Verbrechers fordert, von dem Sie jedoch wissen, dass er unschuldig ist, ist es richtig, eine wahre Information zurückzuhalten.

Ein spiritueller Krieger kennt sich im richtigen Zeitpunkt und der angemessenen Ausdrucksweise meisterhaft aus. Die Entscheidung für Wahrheit schwankt dabei nicht. Das Wissen, wann etwas zu verbergen und wann es zu offenbaren ist, ist ein Schlüssel für ein erfolgreiches Leben.

Universelle Wahrheit

Gibt es so etwas wie eine universelle Wahrheit? Fundamentalisten, die an die wortwörtliche Deutung heiliger Schriften glauben, sind fest davon überzeugt, dass es sich bei dabei um absolute Wahrheiten handelt. Jeder wahre Gläubige ist sich sicher, dass er ein Monopol auf die Wahrheit hat und dass deshalb kein anderer, der außerhalb seines Glaubenssystems steht, einer anderen Wahrheit sicher sein kann.

Universelle Wahrheit wäre wohl nicht an eine bestimmte Epoche oder an einen besonderen Ort der Erde gebunden. Sie hätte wohl keinen Anfang und kein Ende und würde für alle Kulturen der Welt und alle geschichtlichen Zeiten gelten. Vermutlich sind wir mit der sogenannten Goldenen Regel einer universellen moralischen Wahrheit am nächsten gekommen. Diese Regel besagt bekanntlich: „Geh mit anderen Menschen so um, wie du selbst behandelt werden möchtest.“ Ähnliche Aussagen finden sich in allen spirituellen und religiösen Traditionen in der einen oder anderen Form wieder. So heißt es zum Beispiel „Tue einem anderen nichts an, was dir auch nicht angetan werden soll“ oder „Erweise anderen Menschen das, was du von ihnen erwartest“. Wenn die Menschheit dieses einfache Prinzip annehmen und verwirklichen würde, hätten wir deutlich weniger Konflikte in unseren persönlichen, gemeinschaftlichen und internationalen Beziehungen. Die Goldene Regel bringt die Grundüberzeugung zum Ausdruck, dass wir auf einer tieferen Ebene gleich sind und letztlich sogar eins.

Überprüfen Sie Ihre Entscheidungen im Hinblick darauf, ob die Wahrheit, der Sie folgen, auf Einheit oder Trennung hinausläuft. Wenn Sie darüber nachdenken, welche Wahrheiten Sie sich zu Eigen gemacht haben, überlegen Sie, ob diese Wahl Ihnen zunehmend Freiheit und Frieden bringt.

So können Sie unter Umständen neu entscheiden, wenn Sie spüren oder erkennen, dass eine andere Wahl Ihr Selbst mehr für das Leben öffnet.

Das neunte Gebot fordert von uns, kein falsches Zeugnis abzulegen. Ein wahrhaftiger Zeuge ist jemand, dessen Bewusstsein auf die Gegenwart gerichtet ist. Ein aufrichtiger Zeuge wird diesen Augenblick des Lebens nicht mit früheren Urteilen belasten oder mit Ideen darüber, wie das Leben künftig sein soll. Ein wahrer Zeuge vermag die momentanen Wahrnehmungen von Bewertungen aus der Vergangenheit und Hoffnungen auf die Zukunft zu trennen. Ihre Entscheidung für Wahrheit erfüllt das neunte Gebot: Sie erkennen an, was ist; Sie kümmern sich darum, dass Ihre Sichtweise mit Ihren höchsten Werten übereinstimmt; Sie öffnen sich für die fantastische Vielfalt des Lebens.

Ich demonstriere meine Entscheidung für Freiheit, indem ich:

1. sobald ich über ein Thema eine dezidierte Meinung vertrete, auch andere Standpunkte zur Kenntnis nehme, die so gut begründet sein können wie meiner. Die Übung der Flexibilität im Hinblick auf meine Sichtweise von Wahrheit bringt mehr Wahrheit in mein Leben;
2. nach Möglichkeiten suche, um meine Wahrheit auf eine Weise zu verwirklichen, die mir und den Menschen in meiner Umwelt Freiheit und Freude bringt. Indem ich auf das richtige Timing achte und sensibel bin, strebe ich danach, durch meine Gedanken, Worte und Taten das Glück zu vermehren und das Leid zu vermindern;
3. Entscheidungen treffe, die mich der Wahrheit näher bringen. Dabei achte ich darauf, ob meine Entscheidungen meine geistige Unruhe besänftigen, ob sie mein Bewusstsein erweitern und zu Frieden führen.

Die Zehnte Entscheidung

Ich entscheide mich für Frieden

Du sollst nicht begehren deines Nächsten Haus;
du sollst nicht begehren deines Nächsten Frau,
und auch nicht seinen Knecht oder seine Magd,
seinen Ochsen oder Esel, oder sonst etwas,
was deinem Nächsten gehört.
– Exodus 20:17

Einen Tag lang, nur einen Tag, sprich über das,
was keinen stört
und etwas Frieden in deine schönen Augen bringt.
– Hafiz

Sie können jeden fragen: Alle wollen Frieden! Doch muss sich jeder die Frage stellen, was er bereit ist, für den Frieden zu tun. Viele der Diktatoren und Tyrannen der Welt rechtfertigen ihre Handlungsweise mit dem Hinweis, sie sei notwendig, um Frieden zu erreichen. Leider wird Frieden, der durch Gewaltanwendung erreicht wurde, immer Leid und Groll hinterlassen, die irgendwann später an die Oberfläche gelangen und den Teufelskreis der Gewalt im Namen des Friedens wieder anstoßen. Das zehnte Gebot fordert uns auf, diesen Kreislauf zu beenden.

Der Wunsch nach Frieden ist die Wurzel aller anderen Wünsche. Immer, wenn wir irgendetwas anstreben, nehmen wir an, dass sich unsere Unzufriedenheit in dem Augenblick auflöst, wo wir das Ziel unserer Wünsche erreicht haben. Wenn wir uns eingeengt oder unerfüllt fühlen, sucht unser Bewusstsein außerhalb unserer selbst nach Dingen in der Erwartung, dass wir Gemütsfrieden finden, sobald die angestrebte Sache unsere „Unvollständigkeit" vervollständigt.

Unser Wesen ist Frieden. Im Verlauf der Individuation entwickeln wir das Gefühl, unvollständig zu sein. Unser Getrenntsein von anderen lässt Wünsche auftauchen. Dabei handelt es sich um Impulse wie „vom Weniger zu Mehr", „vom Fragment zur Einheit", „von der Angst zum Frieden". In der jüdischen mystischen Tradition der Kabbalah gibt es das wunderbare Konzept von *Tikkun*, das Wiederherstellung oder Wiedereinsetzung bedeutet. Ursprünglich wurde das göttliche Licht von zehn Gefäßen gehalten, die jedoch zu empfindlich waren, um das Licht zu bewahren.

Sieben der zehn zerbrachen, nur Wille, Weisheit und Verstehen blieben ganz. Das Licht von Gerechtigkeit, liebender Güte, Schönheit, herrlichem Glanz, Macht, moralischer Aufrichtigkeit und dem Geist Gottes verschwand. Der Sinn jedes einzelnen Lebens besteht darin, zur Rückkehr der Ganzheit beizutragen, die zerbrochenen Gefäße wiederherzustellen. Im Prozess der Wiedereinsetzung des göttlichen Lichts in die wiederhergestellten Gefäße kehrt der Frieden zurück.

Das kosmische Versteckspiel

Das Leben ist ein fantastisches Versteckspiel mit dem Göttlichen. Aus der Einheit kommend erschaffen wir unsere Individualität und verbringen dann unser ganzes Leben damit, unsere ursprüngliche Ganzheit wiederzufinden. Vermutlich werden Sie sich daran erinnern, dass Sie als Kind beim Versteckspiel zwei konkurrierende Ängste hatten. Die eine war die Angst, entdeckt zu werden, die andere die Angst, nicht entdeckt zu werden. Wenn Ihr Versteck zu gut verborgen war, haben Sie vielleicht absichtlich Geräusche gemacht, um Aufmerksamkeit auf sich zu ziehen, damit Sie nicht für immer alleine bleiben würden.

Der Wunsch nach Frieden und das Streben danach, die Dinge immer wieder durcheinander zu bringen, sind Teil des kosmischen Versteckspiels. Wenn wir völlig in Frieden mit uns und der Welt wären, hätten wir keinen Anreiz, irgendetwas zu tun. Wir würden in Trägheit versinken und jede Kreativität würde sozusagen verdunsten. Das Leben ist spannend, weil wir ständig aus unserem Frieden gerissen werden, es mit Turbulenzen, Störungen und Problemen zu tun bekommen, um uns dann wieder auf den Frieden zu zu bewegen. Bei Kindern erleben wir mehrfach täglich mit, wie sie zwischen Zufriedenheit und Verzweiflung hin und her schwanken. Sie sind lieb und glücklich, bis sie im Supermarkt am Regal mit den Süßigkeiten vorbeikommen. Plötzlich überfällt sie ein heftiges Verlangen nach Gummibären und ihr Gemütsfrieden ist dahin. Wenn die Eltern ihrem Drängeln nachgeben und das Objekt ihrer Begierde kaufen, kehren sie sofort in einen Zustand heiterer Gelöstheit zurück (zumindest bis der Zucker Wirkung zeigt).

Denselben Vorgang können wir bei Erwachsenen beobachten. Ihr Auto funktioniert tadellos, aber wenn Sie sehen, dass Ihr Nachbar gerade ein neues gekauft hat, beginnt unter Umständen der Wunsch, selbst auch ein neues Auto zu kaufen, von Ihnen Besitz zu ergreifen. Ihr Gemütsfrieden ist dahin und Sie sind nun überzeugt, dass nur ein neues Auto ihn wieder herstellen kann. Dann lassen Sie sich auf ein energiezehrendes Ritual ein, um Ihren Wunsch zu erfüllen. Erst lesen Sie alle Testberichte und dann überlegen Sie die Ausstattungsoptionen. Sie erkundigen sich nach Preisnachlässen, verhandeln und gelangen schließlich in den Besitz des neuen Wagens. Ihr Gemütsfrieden ist wieder hergestellt und nach kurzer Zeit sind Sie in Ihrem Bewusstseinszustand wieder dort, wo sie vor der Kaufidee waren (zumindest bis Sie den ersten Kratzer am Auto sehen oder die neue Versicherungsrechnung bekommen). Es ist unvermeidlich, dass Sie irgendwann nach dem Kauf des Wagens genau wieder auf demselben Niveau eines inneren Friedens angelangt sein werden wie vorher, bevor der Wunsch überhaupt auftauchte.

Wünsche sind die Grundlage aller Freuden und Genüsse des Lebens. Eine wunderbare Musik zu hören, eine liebevolle Nachricht zu erhalten, einen atemberaubenden Sonnenuntergang zu sehen, eine reife Erdbeere zu schmecken, den Duft eines in der Nacht blühenden Jasminstrauches einzuatmen – alle solche sinnerfüllten Erfahrungen erzeugen Prägungen im Gedächtnis, die den Wunsch bestimmen, diesen Genuss erneut zu erleben. Wir müssen unsere Wünsche nicht aufgeben, um Frieden zu empfinden – vielmehr brauchen wir uns nur so auf Frieden einzustimmen und einzulassen, dass jeder Wunsch als eine Welle auf dem Meer des Friedens erfahren wird.

Sich Frieden vorstellen

Probieren Sie diese Übung aus: Schließen Sie die Augen und atmen Sie einige Male tief durch. Nun überlegen Sie sich, was in Ihrem Leben passiert. Fragen Sie sich: „Was möchte ich erreichen? Was möchte ich lösen? Was möchte ich erwerben?" Unser Streben danach, etwas zu erreichen, etwas zu lösen oder etwas zu erwerben entsteht üblicherweise aus einem Gefühl der Unzufriedenheit heraus. Stellen Sie sich nun vor, dass Sie in der Lage sind, alle Ihre Wünsche vollständig zu erfüllen. Sie haben das erfolgreiche Unternehmen geschaffen. Sie sind mit der Liebe Ihres Lebens verlobt. Sie haben das Traumhaus, für das Sie seit Jahren gearbeitet haben.

Wie fühlen Sie sich? Sind Sie jetzt, da Ihre Wünsche erfüllt sind, mit sich im Frieden? Falls die Antwort „Ja" lautet, dann spüren Sie in sich hinein, um festzustellen, ob dieser Zustand der Zufriedenheit auch unabhängig von Situationen, Umständen und Ereignissen der Außenwelt bestehen kann. Wenn Sie sich Frieden vorstellen und ihn als Zustand empfinden können, dann muss Ihr Frieden nicht mehr nur von äußeren Symbolen abhängig sein. Das soll nicht heißen, dass Sie sich einfach in eine Hütte in den Wäldern zurückziehen und dort in Frieden leben sollen. Vielmehr können Sie sich, wenn Sie das Gefühl von Frieden als inneren Maßstab gespürt haben, die Energie und Kreativität viel besser zu Nutze machen, die es Ihnen erlauben, Ihre Wünsche zu verwirklichen.

Andererseits bemerken Sie vielleicht, dass Sie sich selbst dann, wenn Sie das Auto haben und die Arbeit bekommen, die Sie immer schon haben wollten, oder wenn Ihre Traumbeziehung Wirklichkeit wird, innerlich noch unzufrieden fühlen. Das ist eine charakteristische Folge, wenn wir unser Glück von äußerlichem Besitz oder Leistungen abhängig machen. Wie bei einem Kind, das ein neues Spielzeug bekommt, fällt jede Welle der Begeisterung auch wieder in sich zusammen, nachdem sie aufgestiegen ist, und wird einem neuen Wunsch Raum geben, sich zu erheben.

Jeder Wunsch taucht aus einem Zustand relativer Zufriedenheit auf und kehrt, nachdem er erfüllt worden ist, auch dorthin zurück. Da fast jeder Wunsch Sie schließlich in Ihren ursprünglichen Zustand zurückführt, möchte ich Sie dazu ermuntern, einen Zustand des inneren Friedens zu kultivieren, der nicht so leicht verloren geht. Wenn wir im Frieden mit uns und der Welt sind, dann freuen wir uns des Lebens, ohne uns ständig in den Erfahrungen von Verlusten und Gewinnen zu verlieren.

Aktiver Frieden

Im achten Gebot habe ich Arjuna erwähnt, den Bogenschützen mit der erstaunlichen Konzentrationsfähigkeit. Arjuna wird später zum Helden einer der bedeutendsten spirituellen Epen Indiens, der „Bhagavad Gita", dem „Lied der Götter". In dieser Geschichte ist ein Familienclan in zwei Gruppen zerbrochen und bereitet sich darauf vor, gegeneinander in den Krieg zu ziehen. Arjuna ist der Führer der Pandavas, die für Integrität, Freiheit, Liebe und Frieden stehen. Die gegenteiligen Kräfte, nämlich Verrat, Eigensucht, Tyrannei und Konflikt werden von den Kauravas und deren Anführer Duryodhana vertreten.

Arjuna ist wie zerrissen zwischen seinem Kopf, der ihm sagt, dass er in diesen Krieg ziehen muss, und seinem Herzen, das Liebe und Mitgefühl mit seinen Verwandten auf beiden Seiten des Schlachtfelds fühlt. Er spricht mit dem göttlichen Prinzip, das von Lord Krishna repräsentiert wird, der Arjuna einen Blick auf den Kriegsschauplatz werfen lässt. Krishna hilft Arjuna, seinen aufgewühlten Geist zu beruhigen, damit er aus einer göttlichen Perspektive erkennen kann, dass Leben ein ewiger Prozess der Transformation ist, in dem sich alles an irgendeinem Punkt im Kreislauf zwischen Geburt und Tod befindet. Krishna erklärt, dass die transzendente Seele – der immer gegenwärtige Beobachter – über diesen immer wiederkehrenden Zyklus von Anfang und Ende hinausgeht. Dieser Bewusstseinszustand der Nicht-Dualität wird als Yoga bezeichnet. Arjuna fühlt sich durch diese veränderte Sichtweise befreit und gelangt zu dem Schluss, dass es keines Kampfes bedarf, da Frieden ja einen Zustand des Bewusstseins darstellt. Krishna sagt ihm jedoch, dass die Schlacht trotzdem stattfinden muss, um die Kräfte von Gut und Böse in der Welt wieder in das rechte Verhältnis zu setzen.

Er erklärt Arjuna, dass sich dieser zunächst über die Dualität erheben – über Geburt und Tod, richtig und falsch, gut und böse – und dann in Übereinstimmung mit seinen höchsten eigenen Werten handeln muss, um Frieden und Harmonie in der Welt zu festigen. Der Sanskrit-Ausdruck hierfür ist *yogastah kurukarmani:* in einem Zustand von Einheit und Frieden untadelige Handlungen vollbringen.

Die Entscheidung für Frieden heißt nicht, sich von den Herausforderungen des Lebens zurückzuziehen. Sie bedeutet nicht, dass Sie Ihre Absichten, Ziele oder Wünsche nach Fülle oder Leistungen aufgeben. Die Entscheidung für Frieden verlangt auch nicht, dass Sie die Entwicklung eines inneren Zustands von Frieden zu Ihrer ersten Priorität erklären müssen. Wenn Sie sich im Frieden üben, werden Sie für jede Erfahrung des Lebens dankbar sein.

Ganzheitlicher Frieden

Geist und Körper sind untrennbar miteinander verwoben. Alles, was Ihren Gemütsfrieden stört, wirkt sich auch auf Ihren Körper aus. Umgekehrt erzeugen körperliche Beschwerden unweigerlich auch geistige Turbulenzen. Wenn Sie am Morgen mit Ihrem Lebenspartner eine Auseinandersetzung hatten, spüren Sie vielleicht noch jetzt unangenehme Empfindungen in Ihrem Körper. Wenn Sie heute Mittag zu viel gegessen haben, wird Ihre belastete Verdauung noch heute Nachmittag Ihre Konzentration stören oder Ihren Geist weniger wach sein lassen.

Hunderte wissenschaftlicher Studien haben bestätigt, dass mentale Ausgewogenheit und Gemütsfrieden gut und Stress schlecht für die körperliche Gesundheit ist. Psychologen haben herausgefunden, dass ein entscheidender Risikofaktor für Herzanfälle und Infarkte eine „feindselige Einstellung" ist. Vermutlich kennen Sie die üblichen Risikofaktoren für Herzgefäßerkrankungen: Bluthochdruck, zu hohe Cholesterinwerte, Rauchen und ungenügende körperliche Bewegung. In den Großstudien zu Herzerkrankungen gab es aber immer eine Gruppe von Menschen, die Herzprobleme hatten, auf die jedoch keiner dieser Standardfaktoren zutraf. Als man dieses Phänomen mit Methoden der Psychologie näher betrachtete, stellte sich heraus, dass es sehr wohl einen konkret benennbaren Risikofaktor gab, der auf einem emotionalen Muster beruhte. Menschen mit einer „feindseligen Einstellung" wurden psychologisch folendermaßen charakterisiert: es waren Menschen, die meinten, dass andere betrügerisch, eigensüchtig oder nicht vertrauenswürdig seien; die sich oft genervt und ungeduldig fühlten und auf andere herabsahen; die Zorn und Aggressionen als akzeptable Mittel betrachteten, auf die Welt zu reagieren. Menschen mit den höchsten Werten für eine „feindselige Einstellung" trugen das höchste Risiko eines Herzinfarktes.

Langzeitstudien unter Ärzten wiesen nach, dass diese negative Lebenshaltung bei ihnen ein sechs Mal höheres Risiko bedeutete, früh an Herzinfarkten zu sterben als es Kollegen hatten, die das Leben etwas leichter nahmen. Die aggressivsten Rechtsanwälte haben ebenfalls ein wesentlich höheres Risiko, früh an einem Herzinfarkt zu sterben, als ihre friedlicheren Kollegen. In Boston wurde vor kurzem eine Studie durchgeführt, die ergab, dass eine feindselige Lebenshaltung eine wichtigere Ursache für Herzkrankheiten ist als hoher Blutdruck, Rauchen und hohe Cholesterinwerte.

Andere Untersuchungen ergaben, dass ein nervöser, aufgeregter und instabiler Geist das Immunsystem schwächt. Eine Studie in Harvard maß die Immunfunktionen von Menschen, die gewalttätige Kampfszenen sahen und verglich sie mit anderen, die Mutter Teresa sahen, wie sie Kinder in ihrem Waisenhaus betreute. Bilder von Gewalt schwächen das Immunsystem, Bilder von Mitgefühl stärken es. Feinseligkeit ist schädlich für Körper, Geist und Seele. Überlegen Sie, wie viele der folgenden Feststellungen auf Sie zutreffen:

– Ich trage mehr Lasten in der Arbeit und zu Hause, als es fair wäre.
– Kleinere Missgeschicke ärgern mich ziemlich.
– Die Leute, die mich kritisieren, haben häufig mehr Fehler an sich als ich.
– Oft sieht es so aus, als ob ich, kurz bevor ich ein Ziel erreiche, von Leuten im Stich gelassen werde, auf die ich gezählt habe.

- Immer, wenn ich etwas Wichtiges für mich selbst tun möchte, tauchen Leute in meiner Umgebung auf, die meine ungeteilte Aufmerksamkeit beanspruchen.
- Wenn ich etwas nicht finde, liegt das meistens daran, dass jemand aufgeräumt und mir nicht gesagt hat, wo er die Dinge hingelegt hat.
- Ich finde Kunden, die einfach Zeit damit verbringen, mit den Verkäufern zu plaudern, ziemlich unhöflich und eigensüchtig.
- Die Menschen müssen es direkt hören, wenn ihre Handlungen zu negativen Folgen geführt haben, auch wenn das ihre Gefühle vielleicht etwas belastet.
- Ich ärgere mich, wenn sich jemand im Kino genau auf den Platz vor mir setzt.
- Frustrierende Situationen erinnern mich oft an ähnliche Erlebnisse, die ich früher hatte.

Wenn Sie drei oder mehr Feststellungen angekreuzt haben, werden Ihnen bestimmte Friedensübungen helfen können. Überlegen Sie, wie Sie in Ihrer Einstellung Feindseligkeit zu Frieden transformieren könnten. Wenn Sie zum Beispiel fühlen, dass die anderen am Arbeitsplatz oder in der Familie nicht ihren Teil beitragen, sollten Sie beobachten, was diese Menschen tagsüber tun. Achten Sie darauf, wie viele Dinge Ihr Partner oder Ihre Partnerin oder Ihr Arbeitskollege während eines Tages erledigen. Indem Sie Ihre Aufmerksamkeit davon abziehen, was Sie nicht bekommen und sie auf das lenken, was Sie als Beitrag erhalten, wird der Impuls, sich darüber zu ärgern, wie viel Sie tun, in den meisten Fällen gar nicht auftauchen.

Wenn Sie dazu neigen, sich dadurch irritieren zu lassen, dass jemand am Arbeitsplatz ein paar persönliche Freundlichkeiten mit dem Verkaufspersonal austauscht, dann sollten Sie üben, an einem Tag in der Woche mit jeder Kassiererin und jedem Verkäufer, mit denen Sie zu tun haben, ein kurzes freundliches Gespräch zu führen. Sie können nachfragen, wie deren Tag bisher verlief, oder wie lange sie schon in der Firma arbeiten. Sie werden feststellen, dass Ihre Irritiertheit verschwindet.

Das nächste Mal, wenn Sie sich gerade so richtig über jemanden beschweren wollen, machen Sie einen kurzen, schnellen Spaziergang an der frischen Luft. Atmen Sie dabei tief ein und aus, und stöhnen Sie bei jeder Ein- und Ausatmung. Wenn Sie dann etwas Dampf abgelassen haben, überlegen Sie, wie Sie Ihre Meinung zu dem betreffenden Thema auf eine eher überraschende als demoralisierende Weise ausdrücken können. Denken Sie darüber nach, ob Sie so nicht viel besser bekommen können, was Sie brauchen, und ob Sie sich dabei nicht auch noch selbst besser fühlen.

Unsere Welt leidet seit Tausenden von Jahren unter den immer noch schwärenden Wunden unzähliger Konflikte. Sie braucht jetzt einen neuen Ansatz, neue Einstellungen, Reaktionen und Handlungsweisen. Wenn die Menschheit als Gattung beim nächsten Evolutionsschub mit dabei sein will, müssen wir unsere vorgeprägten biologischen und stammesbezogenen Reaktionen überwinden und neue Methoden der Konfliktlösung ausprobieren. Diese Verantwortung können wir nicht unseren Politikern überlassen, da sie nur unser kollektives Bewusstsein vertreten. Unser kollektives Bewusstsein spiegelt die Summe und Totalität des Bewusstseins aller Individuen. Was jeder Einzelne von uns in seinem kleinen Universum denkt, spricht und handelt, zeigt, wie es um die Welt steht. Das zehnte Gebot fordert Sie dazu auf, Ihre Bereitschaft zu signalisieren, den Frieden der Feindseligkeit vorzuziehen.

Sieben Prinzipien des Friedens

Den Frieden fördernde Handlungen haben genauso Folgen in der Welt wie Akte der Gewalt. Friedliche wie aggressive Gedanken haben Folgen für unseren Körper. Unsere den Primaten ähnliche Biologie ist nicht von vornherein so angelegt, dass wir Frieden suchen. Lange Zeit haben wir geglaubt, dass unser nächster Verwandter, der Schimpanse, dessen genetische Erbmasse zu mehr als 96% mit unserer übereinstimmt, ein an sich friedfertiges Wesen wäre. Inzwischen wissen wir allerdings, dass Schimpansen eine irritierende Neigung zu Gewalt haben. Seit Mitte der 70er-Jahre wurden gewalttätige Auseinandersetzungen zwischen Schimpansengruppen beobachtet, die zeitweise bis zum Mord an einem Artgenossen führten. Heute liegen zahlreiche Belege dafür vor, dass es unter Schimpansen die Tötung von Kleinkindern und Kannibalismus gibt.

Diese biologische Tatsache können wir hinnehmen und uns sagen, dass wir einfach nicht für den Frieden geschaffen wurden. Oder wir können uns entscheiden, die Entwicklungschance eines evolutionären Prozesses zu fördern, der Friedfertigkeit zum Auswahlkriterium macht. Jonas Salk, der Entdecker des Impfstoffes gegen Kinderlähmung, hat einmal gesagt, dass wir als Menschheit nur dann überleben können, wenn wir von der Maxime des „Überlebens der Stärkeren" zu einer neuen Maxime gelangen, die er das „Überleben der Weisesten" nannte. Die nächste evolutionäre Phase sei, so Salk, *metabiologisch*. Das bedeutet, dass es nicht mehr darum geht, noch geschickter und erfolgreicher mögliche Konkurrenten zu töten, sondern neue, kreativere Lösungen zu finden, um die Vielfältigkeit und die Vielschichtigkeit auf der Erde zu stärken. Anstatt in Kategorien wie „stark" und „schwach" zu denken, sollten wir darüber nachdenken, wie das Überleben dessen gesichert werden kann, was am besten ist.

Um diese veränderte Sichtweise von Entwicklung zu fördern, bitte ich Sie, über die folgenden sieben Friedensprinzipien nachzudenken. Wenn Sie Ihre Aufmerksamkeit auf diese Prinzipien richten, werden Sie einen besseren Zugang zu jener Form von Kreativität erhalten, die positive Evolutionsschritte, wie sie oben skizziert wurden, unterstützen.

1. Frieden ist ein Zustand.
Wenn Sie sich für Frieden entscheiden, werden Sie wollen, dass Ihre Gedanken, Worte und Taten Frieden ausstrahlen. Das funktioniert leider nicht, solange Sie in Ihrem Sein nicht im Frieden verwurzelt sind. Der direkteste und beste Weg, den ich kenne, um Frieden in jeden Bereich Ihrer Persönlichkeit zu bringen, ist regelmäßige Meditation. Nehmen Sie sich jeden Tag Zeit, um Ihren Geist zur Ruhe zu bringen und Ihren Körper zu harmonisieren. Das hilft Ihnen, um Frieden von einer momentanen Stimmung zu einem Teil Ihres Wesens zu transformieren.

2. Frieden ist unabhängig von dem, was um Sie herum passiert.
Sie können nicht darauf warten, dass die Umstände friedvoll werden, bevor Sie sich für Frieden entscheiden. Der innere Frieden hängt nicht davon ab, dass alle Menschen in Ihrer Umgebung sanft, freundlich und mitfühlend sind. Das würde es zwar den meisten Menschen viel einfacher machen, Frieden zu finden, doch es geht darum, auch angesichts herausfordernder Umstände in einem Frieden zu leben, der von innen kommt. Verbinden Sie sich in der Meditation mit Frieden und dann strahlen Sie ihn durch Ihre Worte und Handlungen in Ihre Umwelt aus.

3. Frieden ist ansteckend.

Ralph Waldo Emerson, der amerikanische Schriftsteller und Philosoph, sagte einmal: „Wer du bist, spricht so deutlich und laut aus dir heraus, das ich gar nicht höre, was du sagst." Wenn ich in Workshops und Seminaren über Frieden spreche, werde ich oft gefragt: „Was kann ich unternehmen, damit mein ... sich auch darum kümmert?" An die Stelle der Pünktchen kommt dann meistens der Name des Partners, der Kinder, des Chefs oder der Nachbarn. Meine Antwort ist, dass man im Allgemeinen nichts tun kann, damit jemand anderes etwas tut oder lässt. Wenn Sie jedoch auf der Grundlage dieser Friedensübungen mehr Frieden, Harmonie und Liebe an die Menschen in Ihrem Leben ausstrahlen können, besteht die Chance, dass sich andere Menschen an Sie wenden mit der Frage, was sie tun könnten, um mehr von dem Frieden, von der Erfüllung oder Gelassenheit zu haben, die Sie empfinden und ausstrahlen. Strahlen Sie Ihre innere Harmonie ohne Hintergedanken und authentisch aus, und die Menschen werden sich davon anstecken lassen.

4. Frieden ist dynamisch.

Frieden an einem Strand in Hawaii oder einer heißen Quelle in den Bergen ist wunderbar. Wir brauchen jedoch einen Frieden, der sich auch am Flughafen in Chicago, in der U-Bahn von New York City oder auf einem Freeway in Los Angeles bewährt. Frieden im Ruhezustand ist ein Aspekt, aktiver Frieden ein anderer. Entscheiden Sie sich für Frieden in allen seinen Ausdrucksformen. Wenn Ihre Gedanken, Worte und Handlungen in Übereinstimmung mit dem Frieden sind, dann verwirklichen Sie das zehnte Gebot.

5. Frieden ist mutig.

Eines der mutigsten Dinge, die jemand tun kann, ist keine

Gewalt anzuwenden. Die großen Friedensstifter der modernen Zeit, Mahatma Gandhi, Martin Luther King und Nelson Mandela, haben diesen enormen Mut unter Beweis gestellt, der von einem Friedensstifter verlangt wird. Erziehen Sie Ihre Kinder dazu zu erkennen, wie kraftvoll sie sind, wenn sie Frieden der Gewalt vorziehen. Belohnen Sie Ihre Kinder großzügig dafür, wenn sie das tun.

6. Frieden definiert sich nicht durch sein Gegenteil.

Die Mentalität von Kampf und Krieg fordert, dass es eine klare Trennung zwischen „uns" und „den anderen" geben muss, dass es Freund und Feind, Gut und Böse, Richtig und Falsch geben muss. Frieden strebt nach Einheit. Wer sich für Frieden entscheidet, erklärt die Menschen, die zur Durchsetzung ihres Standpunktes aggressive Mittel einsetzen wollen, nicht zu seinen Feinden. Vielmehr bemüht er sich, das Bedürfnis nach Aggression zu verringern. Wenn als allerletztes Mittel doch Gewalt angewandt werden muss, dann in der Absicht, die Aggression zu neutralisieren und Voraussetzungen für Frieden zu schaffen.

7. Frieden ist eine Übungssache.

Unsere primitive biologische Natur ist territorial orientiert, auf Überleben angelegt und sieht sich als Teil eines Stammesverbands. Unsere heilige, göttliche Natur ist großmütig, mitfühlend und voller Vergebung. An fast jedem Tag erleben wir Menschen, dass wir auf beiden Seiten dieses Spektrums denken, sprechen und handeln. Die Entscheidung für Frieden hängt nicht davon ab, dass Sie sich ab jetzt nie wieder ärgern, nie wieder Ihre Stimme erheben oder nie wieder etwas sagen oder tun, was Sie hinterher bereuen. Die Entscheidung für Frieden bedeutet, dass Sie bereit sind, aus Ihren Erfahrungen zu lernen und nicht immer wieder dieselben Fehler zu machen. Rekapitulieren Sie Ihren Tag jeden Abend vor dem Zubettgehen und prüfen Sie, ob Sie durch irgendwelche Worte oder Handlungen den Frieden nicht ausgedrückt haben. Wenn Sie auf eine Situation stoßen, in der Sie besser hätten reagieren können, so tun Sie dies morgen.

Seien Sie liebevoll, friedlich und geduldig mit sich selbst; dann werden Sie Frieden auch besser gegenüber den Menschen in Ihrem Leben ausstrahlen können. Sie werden als Folge dessen weniger oft werten, sich Sorgen machen und andere zu kontrollieren versuchen, und stattdessen mehr lachen, lieben und sich am Leben freuen.

Ich demonstriere meine Entscheidung für Frieden, indem ich:

1. beobachte, wie meine Wünsche aufsteigen und ich mir vorstelle, wie ich mich fühlen werde, sobald meine Wünsche Wirklichkeit geworden sind. Ich bleibe zentriert und friedvoll, auch während ich danach strebe, meine Wünsche und Bedürfnisse zu erfüllen;
2. feststelle, wann ich Eigenschaften von Feindseligkeit an mir habe und auslebe und nach Wegen suche, um meine feindselige Sichtweise zu transformieren. Ich werde nach Möglichkeiten suchen, wie ich meine Bedürfnisse zum Ausdruck bringen kann, ohne den Menschen um mich herum zu schaden;
3. Frieden bewusster in meinen Gedanken, Worten und Handlungen zum Ausdruck bringe. Bevor ich schlafen gehe, lasse ich meine Worte und Taten Revue passieren und ich stelle fest, ob ich heute mehr Frieden verbreitet habe. Falls ich bemerke, dass ich in meinem Bedürfnis, mich zu behaupten, auf irgendeine Weise Turbulenzen erzeugt habe, treffe ich jetzt die Entscheidung, morgen bewusster zum Frieden beizutragen.

Ausklang:

Entscheidung zum Feiern

Nun, o du Süße, o du Süßer:
Sei weise und gib alle deine Stimmen
für das Tanzen ab!
– Hafiz

Ich nehme Anteil an der Zukunft unseres Planeten und ich möchte für die Zukunft meiner drei Kinder vorsorgen. Max, der jetzt 24 Jahre alt ist, arbeitet mit mir im Chopra-Zentrum und kümmert sich um die Abteilung „Lifestyle". Sara, die acht Jahre alt ist und Isabel, die vier ist, geben mir eine umfassende Gelegenheit, bewusst zu beobachten und mitzuerleben, wie Menschen zu dem werden, was sie sind. Meine geliebte Frau Pam stützt und stärkt auf erstaunliche Weise die Werte, die wir für wichtig halten, um sie unseren Kindern mitzugeben. Das ist keine leichte Aufgabe.

Ich begreife nur zu gut, warum sich die Gesellschaft über Tausende von Jahren hinweg auf den Standpunkt gestellt hat, dass es am besten wäre, Menschen mit Strafe zu bedrohen, um sie dahin zu bringen, etwas zu tun. Auch wir haben diese Taktik früher bei unseren Töchtern regelmäßig angewandt: „Wenn du dich jetzt nicht gleich in den Kindersitz setzt, kommst du nicht mit ins Legoland." „Wenn du jetzt nicht das Kinderzimmer aufräumst, dann baue ich keinen Turm mit dir."

Diese Taktik funktioniert selten, und selbst wenn sie es vorübergehend tut, ist der Preis, den wir dafür zahlen, es meistens nicht wert. Wenn wir Aufgaben, die zu erledigen sind, in Spiele verwandeln, dann wirkt das viel besser. Anstatt zu versuchen, unsere Kinder zu zwingen, dass sie das tun, was wir wollen, streben wir an, dass sie selbst das wollen, was getan werden muss. Wir haben uns zu Hause ein Spiel ausgedacht, das „Notruf Simon" heißt. Immer, wenn ein Mädchen ein Chaos anrichtet, ruft jemand „Notruf Simon", und wir stürzen uns in eine hektische Aufräumaktion, um zu sehen, wie schnell wir wieder Ordnung machen können. Wir machen ein Wettrennen daraus, wer als erster im Kindersitz angeschnallt ist. Wir machen uns einen Spaß daraus, Lebensmittel in allen Farben zu essen, also rote Paprika, orangefarbene Karotten, gelbe Pfirsiche, grüne Zucchini, Blaubeeren, violette Pflaumen, damit wir ihnen weniger damit auf die Nerven gehen müssen, Obst und Gemüse zu essen. Wir haben uns entschlossen, Gebote und Verbote zu reduzieren und sie stattdessen darin zu bestärken, eigenverantwortliche Entscheidungen zu treffen, die sie einhalten.

Es ist an der Zeit, dass wir auf diese Weise miteinander umgehen. Ich weiß, dass die Welt ein gefährliches Pflaster ist. Ich weiß, dass manche Menschen bestimmte Verbrechen begehen würden, wenn keine Gefängnisstrafe darauf stünde. Ich weiß, dass manche Menschen die Straßen verunsichern würden, wenn nicht das Risiko eines Strafmandats oder Führerscheinverlustes drohte. Ich weiß auch, dass die meisten Menschen, die sich übel verhalten, aus Umgebungen stammen, in denen es vor allem Befehle, Verbote und Gebote gab. Kinder, die man schlecht behandelt, entwickeln sich häufig zu verbitterten und trotzigen Erwachsenen. Wenn sich diese Haltung nicht gegen ihre Umwelt richtet, dann manifestiert sie sich in Eigensabotage durch Suchtmuster, gesundheitsschädliche Gewohnheiten oder gescheiterte Beziehungen.

Ich habe die Vision einer Welt, in der die Angst vor Bestrafung kein Primärmotiv für richtige Entscheidungen ist. Ich stelle mir eine Gesellschaft vor, in der die Menschen dazu ermutigt werden, sich selbst die wichtigen Fragen zu stellen, wer sie sind, warum sie hier sind und wie sie am besten dienen können. Ich vertraue der Weisheit der Seele, die von jedem von uns möchte, dass wir das Mysterium des Lebens annehmen, unseren Platz im Universum finden und vor Freude tanzen, dass wir zur Feier des Lebens eingeladen worden sind.

Beginnen Sie mit einer einzigen Entscheidung, vielleicht mit der, die Ihnen am leichtesten zu fallen scheint. Verpflichten Sie sich einen Tag lang darauf. Wenn Sie es schaffen, diese Entscheidung einen Tag lang zu verwirklichen, dann probieren Sie es eine Woche lang aus, danach einen Monat. Sie merken, dass Sie eine Entscheidung innerlich wirklich ganz und gar angenommen haben und ihr weiter folgen, wenn Sie sich nicht mehr bewusst daran erinnern müssen, weil Sie das, was damit zusammenhängt, sowieso schon ganz von selbst tun. Wenn Sie eine Entscheidung gemeistert haben, wählen Sie die nächste aus.

Treffen Sie Ihre Entscheidungen mit Neugier und Wissbegier und in einer Haltung des Staunens. Beobachten und stellen Sie fest, was geschieht, wenn Sie Ihre Aufmerksamkeit einen Tag lang auf Signale wie die folgenden richten:

– angenehm überrascht zu sein
– aus unerwarteter Richtung etwas erhalten, was Sie gewünscht haben

– weniger mit der Vergangenheit zu hadern
– sich weniger um die Zukunft zu sorgen
– sich besser verbunden zu fühlen
– mehr zu lachen
– größere Lebensfreude zu spüren
– mehr Kreativität zu bemerken
– mehr Liebe zu empfangen

Es entspricht meiner persönlichen Erfahrung und tiefen Überzeugung, dass freie Entscheidungen besser als alle Anweisungen sind. Einzelne, Familien und Gemeinschaften, die auf der Grundlage von Eigenverantwortung ihre höchsten Werte anstreben, brauchen keine äußeren Mächte, damit sie Frieden halten. Ihre Entscheidungen beruhen auf der Überzeugung, dass sinnvolle und wertvolle Handlungen solche sind, die für alle lebenden Wesen Leid und Schmerz vermindern und Frieden und Glück vermehren.

Ich hoffe, dass in Zukunft immer mehr Menschen so denken, fühlen, sprechen und handeln, wie es der Hingabe an eigenverantwortliche Entscheidungen entspricht.

Auf diese Weise werden wir die Evolution des Planeten beschleunigen und aus ihm einen besseren Ort für unsere Kinder, unsere Enkel und die nachfolgenden Generationen machen.

Danksagung

Jeder Schritt zur Realisierung dieses Buches wurde von vielen liebevollen Seelen gefördert. Meinen herzlichen Dank möchte ich insbesondere aussprechen:

Meiner Literaturagentin Lynn Franklin für ihre unablässige Unterstützung und ihren entschiedenen Einsatz, dieses Werk Frucht tragen zu lassen;

meinem Herausgeber Bret Winter für seine Entscheidung, dieses Buch dem größtmöglichen Publikum zugänglich zu machen;

Daniel Ladinsky für sein erstaunliches Talent, Hafiz zum Leben zu erwecken und mir so großzügig zu erlauben, dies mit anderen zu teilen;

meiner geliebten Familie Pam, Max, Sara und Isabel Simon für ihre bedingungslose Liebe und Akzeptanz meiner Göttlichkeit und meiner Menschlichkeit;

meinen Eltern Myron und Lee Shirley dafür, dass sie mir durch ihre Worte und Handlungen auf liebevolle Weise die Macht der Entscheidungen eingeprägt haben;

Deepak Chopra für die immerwährende Inspiration und die Einsichten, die er mit mir teilt;Charley Paz, Ray Chambers,

Joe Busquets und Howard Simon dafür, dass sie als lebendige Eckpfeiler des Chopra-Zentrums dienen.

Genauso geht mein Dank an meine einsatzfreudigen Mitarbeiter im Chopra-Zentrum, die jeden Tag aufs Neue ihre Entschlossenheit unter Beweis stellen, Menschen zu helfen, Frieden, Wohlbefinden, Liebe und Sinn im Leben zu finden: David Greenspan, Max Simon, Asha MacIsaac, Anastacia Leigh, Teresa Long, Lori Gifford, Patty Schmucker, Kristy Reeves, Neal Tricarico, Samara Tricarico, Claire Diab, Grace Wilson, Michael Baca, Brent Becvar, Monica Campos, Jennifer Childe, Lindsay Clark, Jay DeGuzman, Erika DeSimone, Alex Dial, Nacy Ede, Kana Emily-Mazza, Monica Ensign, Leili Farhangi, Alisa Feldman, Mel Finnerty, Jenifer Fitting, Kelly Flaherty, Carissa Garrard, Vanessa Gibbs, Tim Herr, Emily Hobgood, Amanda Ishimaru, Jennifer Johnson, James Knight, Joe Lancaster, Kendal Manning, Alisha McShane, Brooke Myers, Carolyn Rangel, Felicia Rangel, Julian Romero, Jill Romnes, Mollie Shea, Danielle Signorelli, Julie Strassburger, Alexis Ufland, Michelle Whitmer und Angelas Wiskirken.

Workshops zu den zehn Entscheidungen

Zu den zehn Entscheidungen werden Tages- und Wochenend-Workshops angeboten. Sie finden am *Chopra Center for Wellbeing* in San Diego, Kalifornien, statt; am *Chopra Center & Spa at Dream* in New York City; am *Rocky Mountain Chopra Center & Spa* in Westminster, Colorado; sowie an anderen Orten in den USA. Weitere Informationen zu diesen und anderen Seminaren und Programmen, die von David Simon und Deepak Chopra entwickelt wurden, erhalten Sie über:

Telefon 001-888-424.6772
E-Mail: TC@chopra.com; tencommitments@chopra.com
Webseite: www.chopra.com/tencommitments

Der richtige Umgang mit der eigenen Lebens-energie

ALLA SVIRINSKAYA
Deine geheime Kraft
Die Lebensenergie zur Selbstheilung anwenden
272 Seiten
€ [D] 20,– / € [A] 20,60 / sFr 35,–
ISBN-13: 978-3-7934-2048-4
ISBN-10: 3-7934-2048-5

Der richtige Umgang mit der eigenen Lebensenergie ist das Geheimnis von Gesundheit und Wohlbefinden. Diäten, Nahrungsergänzungsmittel, körperliche Übungen und Therapien wirken nur dann dauerhaft, wenn sie auf das Wesen unseres Energieflusses abgestimmt sind. Alla Svirinskaya hilft dem Leser, die geheime Kraft dieses Energieflusses zu entdecken, und führt in die traditionellen Heilmethoden ihrer russischen Heimat ein. Sie lehrt Atemtechniken, Meditationen und Streßbewältigung bis hin zur harmonischen Gestaltung der Umgebung zu Hause und am Arbeitsplatz.